Monique Maury

Le Second Enfantement

Monique Maury

Le Second Enfantement

Pour la guérison du deuil d'un enfant

Éditions Croix du Salut

Impressum / Mentions légales
Bibliografische Information der Deutschen Nationalbibliothek: Die Deutsche Nationalbibliothek verzeichnet diese Publikation in der Deutschen Nationalbibliografie; detaillierte bibliografische Daten sind im Internet über http://dnb.d-nb.de abrufbar.
Alle in diesem Buch genannten Marken und Produktnamen unterliegen warenzeichen-, marken- oder patentrechtlichem Schutz bzw. sind Warenzeichen oder eingetragene Warenzeichen der jeweiligen Inhaber. Die Wiedergabe von Marken, Produktnamen, Gebrauchsnamen, Handelsnamen, Warenbezeichnungen u.s.w. in diesem Werk berechtigt auch ohne besondere Kennzeichnung nicht zu der Annahme, dass solche Namen im Sinne der Warenzeichen- und Markenschutzgesetzgebung als frei zu betrachten wären und daher von jedermann benutzt werden dürften.

Information bibliographique publiée par la Deutsche Nationalbibliothek: La Deutsche Nationalbibliothek inscrit cette publication à la Deutsche Nationalbibliografie; des données bibliographiques détaillées sont disponibles sur internet à l'adresse http://dnb.d-nb.de.
Toutes marques et noms de produits mentionnés dans ce livre demeurent sous la protection des marques, des marques déposées et des brevets, et sont des marques ou des marques déposées de leurs détenteurs respectifs. L'utilisation des marques, noms de produits, noms communs, noms commerciaux, descriptions de produits, etc, même sans qu'ils soient mentionnés de façon particulière dans ce livre ne signifie en aucune façon que ces noms peuvent être utilisés sans restriction à l'égard de la législation pour la protection des marques et des marques déposées et pourraient donc être utilisés par quiconque.

Coverbild / Photo de couverture: www.ingimage.com

Verlag / Editeur:
Éditions Croix du Salut
ist ein Imprint der / est une marque déposée de
OmniScriptum GmbH & Co. KG
Heinrich-Böcking-Str. 6-8, 66121 Saarbrücken, Deutschland / Allemagne
Email: info@editions-croix.com

Herstellung: siehe letzte Seite /
Impression: voir la dernière page
ISBN: 978-3-8416-9893-3

Copyright / Droit d'auteur © 2013 OmniScriptum GmbH & Co. KG
Alle Rechte vorbehalten. / Tous droits réservés. Saarbrücken 2013

LE SECOND ENFANTEMENT

32 méditations

Pour la guérison du deuil d'un enfant

Monique Maury

« Car les montagnes peuvent s'écarter
et les collines chanceler,
mon amour ne s'écartera pas de toi,
mon alliance de paix ne chancellera pas, »
Dit le Seigneur qui te console.
(Isaïe 54, 10)

Les références de ce livre proviennent de la Bible T.O.B.

JOIE POUR LES COEURS
QUI CHERCHENT DIEU

La foi est un don merveilleux. La foi est une grâce. La foi est une joie. La foi est un secours puissant... Cette litanie monte des coeurs depuis que Dieu s'est révélé, en particulier depuis que Jésus est ressuscité, comme un immense remerciement.

Connaître Dieu dont l'amour est Tout Puissant, pouvoir s'en remettre à lui dans les circonstances les plus dramatiques est un tel bonheur. Cela suppose bien des renoncements... La foi et l'espérance sont ascèse et doivent, sous l'impulsion de l'Esprit Saint, marcher main dans la main avec le bon sens.

Dans l'épreuve, voulons-nous connaître la révélation sûre et directe de Dieu ?
Prenons une Bible et lisons-la !

Voulons-nous être rapidement et mystérieusement en présence du Christ ?
Recueillons-nous avec respect et dans la prière devant le Saint-Sacrement !

Voulons-nous voir et toucher Jésus-Christ ?
Communions au sacrement de l'Eucharistie, et servons les pauvres !

Ces moyens, indéniablement vrais, sont à la portée de tous.
Merci à Monique de nous donner son témoignage d'épouse et de mère ! Qu'il nous aide à marcher sur le chemin dépouillé d'une foi toute simple, toute droite.

P. Dominique Auzenet
Responsable de la Pastorale
Nouvelles Croyances et Dérives sectaires

La mort

Certaines personnes, nous dit saint Paul, passent leur vie dans l'esclavage à cause de la mort. Qu'en est-il pour nous ? Qu'en est-il pour moi ? Si je regarde les personnes de ma famille, je suis frappée de voir combien la guerre a fait des ravages dans les corps et dans les coeurs ! Un fils chéri, un époux, un père de trois enfants sont partis en pleine jeunesse !... mais je suis aussi heureuse de voir combien la foi de ces mères, de ces épouses a été intacte... Quand mon père a été emmené par les français pour être fait prisonnier des allemands, je revois ma grand'mère priant et m'invitant à prier avec la ferme espérance que Dieu entend toutes nos prières. Dans mon esprit d'enfant, je lançais ma balle sur le sol ou contre le mur, à chaque « Je vous salue Marie»... La Sainte Vierge priait pour mon papa. « La confiance obtient tout » disait la petite Thérèse. Mon père s'est échappé !... Malheureusement mon grand oncle et mon grand père sont tombés au champ d'honneur... Cependant ma grand'mère continuait à croire en notre Dieu de Bonté. Ses prières n'étaient pas toutes exaucées, mais le Seigneur vainqueur de tout mal, habitait toujours son coeur meurtri !... Et qui aurait pu penser que mon mari, mes enfants et moi-même connaîtrions la même peine du deuil d'un enfant. Le chemin est parfois très douloureux, mais ne l'a-t-il pas été pour la Vierge Marie qui jamais ne s'est plainte de sa croix trop lourde, tant elle était unie à son fils Jésus. La mort est une étape tellement cruelle que Jésus lui-même en a pleuré, en voyant son ami Lazare au tombeau ! Mère Térésa de Calcutta dit « la vie est une tragédie, prends-la à bras le corps ». Le théologien Karl Rahner dit « la mort est une chute que seule la foi interprète comme une chute entre les mains du Dieu Vivant qui a pour nom « Père ! »

Avant de calculer en Eternité, le temps qui nous est donné, il nous faut accepter ce temps de la terre qui fait dire à Carlo Carreto (20ème siècle) : « De la mort, comme de la souffrance, Jésus n'a donné aucune explication ! Celui qui n'a pas souffert, ne peut en parler !... » C'est pourquoi, Paul Claudel dit : «Dieu n'est pas venu supprimer la souffrance... IL n'est pas venu l'expliquer, mais IL est venu la remplir de sa Présence ». Nous sommes ramenés au pied de la croix où Jésus, vrai Dieu, vrai homme, dans un mystère trop grand pour notre intelligence, souffre et meurt dans d'atroces souffrances. Là, pas de mots inutiles, mais des Paroles essentielles données comme le testament de son cœur !...

« **Père pardonne-leur, ils ne savent pas ce qu'ils font** » (Luc 23, 34)

« **En vérité, je te le dis, aujourd'hui tu seras avec moi dans le Paradis.** » (Luc 23, 43)

A Marie : « Femme, voici ton fils » (Luc 19, 26)

Au disciple « Voici ta mère » (Luc 19, 27)

La Miséricorde et la souffrance sont imprimées sur le corps de Jésus, qui dit dans un ultime acte de confiance : « **Père, entre tes mains, JE remets mon esprit** » (Luc 23,46)

Notre pape Jean Paul II dans son encyclique « Evangelium Vitae » dit : « La souffrance et la mort font partie de l'expérience humaine... chacun doit être aidé à en saisir le sens profond». C'est seulement en levant les yeux vers Jésus et Marie que nous pouvons regarder l'inacceptable comme la porte vers l'infini. Ce sont les paroles de Jésus seulement qui peuvent nous apporter le réconfort :

Jésus dit : « Je suis la résurrection. Qui croit en moi, même s'il meurt, vivra » (Jean 11, 25)

Et avec la petite Thérèse, nous pouvons affirmer : « Ce n'est pas la mort qui viendra me chercher, c'est le Bon Dieu ». Elisabeth de la Trinité non loin de sa mort, disait : «Je vais à la Lumière, à l'Amour, à la Vie »

«Frères, le Christ est ressuscité d'entre les morts, pour être parmi les morts, le premier ressuscité... C'est dans le Christ que tous revivront... Alors tout sera achevé quand le Christ remettra son pouvoir royal à Dieu, le Père après avoir détruit toutes les puissances du mal... Le dernier ennemi qu'il détruira, c'est la mort, car il a tout mis sous ses pieds. (1 Corinthiens 15, 20-27a)

La mort nous introduit dans le deuil, mais qu'est ce que le deuil pour celui qui croit en Jésus ?

* Le deuil, c'est la séparation irréversible d'avec l'être aimé qui nous introduit par la solitude, à découvrir non pas la présence de notre enfant, mais la grâce de Dieu toujours disponible à celui qui se tourne vers Lui. L'intensité de la souffrance sera proportionnelle à l'attachement.

* Le deuil, c'est la perte de nos repères, de la sécurité affective pour entrer plus avant dans la confiance d'un enfant de Dieu dans l'Amour du Père.

* Le deuil, c'est renoncer à un amour fusionnel, à des plaisirs de substitution, (spiritisme, ésotérisme... écoute de messages) mais entrer dans le détachement de celui (celle) que nous aimions, parti dans les bras du Père. Je vais m'attacher à Celui qui transforme la mort en Vie Eternelle.

* Le deuil, c'est l'acceptation de cette douloureuse traversée, qui va nous donner la paix, la vie et même la joie. Nous percevons nos limites et nous les acceptons avec Jésus qui a tout accepté par amour pour nous.

* Le deuil, c'est répondre au-delà de la souffrance à Celui qui nous offre la Vie, en Lui offrant celui que nous aimions. Je donne celui que j'aime à Celui qui nous a tout donné.

* Le deuil, c'est aimer au-delà du visible. Car le chemin du deuil, c'est le chemin du don et le chemin du don est celui de l'amour.

MON TEMOIGNAGE

Lorsque j'entrai dans la chambre de l'hôpital, je sus qu'à partir de ce moment, il n'était plus nécessaire de demander la guérison physique pour mon fils Alain, mais qu'il tombe dans les bras du Seigneur !... Avec un grand pas dans la foi, je ne mesurais plus le temps en années trop courtes, mais dans l'infini du Royaume ! Mes premières paroles furent de lui parler de Dieu. Mon fils me répondit « d'accord maman » puis il perdit la force de parler !... Le contact n'existait plus que dans cet amour qui s'exprime au-delà des mots, dans les yeux, un faible signe de tête, dans ce lien privilégié de l'affection qui nous unissait. Cette facilité d'Alain à percevoir l'amour et à le rendre !...

Une amie me dit : « maintenant, il faut que tu enfantes spirituellement ton fils ». Alors dans la prière de louange à Dieu, dans l'imploration sereine et sûre de l'amour de Jésus manifestée au bon larron ; je m'accrochais à cette parole vivante :

« Ce soir même, tu seras avec moi en paradis »

Et j'attendais du Seigneur qu'il en fasse tout autant pour mon Alain !... Tout au long des jours et des nuits, ma prière silencieuse est devenue prière murmurée, chapelet, prière à saint Michel, prière où deux noms résonnaient : « Jésus, Alain » puis prière de simple présence !... Mon fils écoutait profondément. J'ai été soutenue pendant ce temps par la prière des frères et tout particulièrement de Cécile, qui, un jour de la Semaine Sainte m'a apporté le Corps du Christ, que j'ai déposé sur les lèvres de mon Alain qui ne pouvait plus déglutir !... Nous avons adoré le Seigneur, puis j'ai communié. J'ai fait ensuite cette prière naïve : « *Seigneur, quand Tu l'auras touché, transfigure-le* ». Or après sa mort, le jeudi après Pâques, Alain était d'une beauté visible, non seulement pour moi, mais pour d'autres personnes de la famille, qui en furent étonnées ! L'action invisible du Seigneur s'était rendue visible pour Sa Gloire !... Car la vie ne s'arrête pas, elle se transforme, par le Christ qui nous entraîne dans sa Vie, selon la Parole de Jésus :

« Celui qui croit en moi, passera de la mort à la vie ».

Alain est entré dans cette louange céleste qui est joie, bonheur et paix. Gloire à Toi Seigneur.

A TOI QUI PLEURE TON ENFANT
Je connais ta peine, j'ai vécu ta souffrance, mais le Seigneur dans sa bonté est venu jusqu'à moi, dans la prière, tel un Simon de Cyrène, pour porter ma croix. De ma gorge nouée, il a fait sortir dans l'épreuve même, un chant de louange, car Il est Vainqueur du Malin !... Il est sorti victorieux du tombeau... Il est Vivant pour toujours ! Et mon fils l'a rencontré... Il est vivant en Lui et par Lui et maintenant il vit pour Lui. Mes yeux de chair ne le voient pas, mais par la foi, je peux m'unir à toute cette louange céleste, où le Seigneur Jésus est adoré dans l'allégresse. De morts, il n'y en a plus !... Brûlés par le Feu de L'Esprit Saint, tous chantent dans une même harmonie, ce Cantique Eternel au Dieu Très-Haut : **Saint !... Saint !... Saint !...** Dans la connaissance incessante de Dieu qui se découvre à l'infini !...
Que cette joie du Royaume te réconforte dans la tristesse de la séparation, car tout l'amour que le coeur de ton fils désirait, tel un assoiffé, le Seigneur le déverse à flot dans ton enfant, en mon enfant, car Sa Miséricorde n'a d'égal que Sa Grandeur ; Sa Grandeur n'a d'égal que Son Esprit Saint et son Esprit est Amour Infini... Amour inextinguible... Amour inépuisable !

Sais-tu que la vengeance de Dieu est une double portion d'amour ? Puisse-tu, comme le dit saint Paul, connaître : « **la longueur, la hauteur, la largeur de**

l'Amour de Dieu manifesté en Jésus Christ ! » Alors au fond de ton coeur, tu entendras cette parole dite au bon larron, et dont tu peux t'emparer, car l'amour manifesté à cet homme est le même, que celui manifesté à ton enfant !

« **En vérité Je te le dis, aujourd'hui, tu seras avec moi dans le paradis** » (Luc 23-42) « **Je te manifeste ma Tendresse, dit Celui qui te rachète, le Seigneur** » (Isaïe 54, 8).

De la croix du Christ, ne coule aucune amertume contre ses bourreaux et contre nous, mais l'amour pardonnant, comme un fleuve de sang !... Dans l'abandon au Père, comme Jésus, fais confiance. Ton enfant bien aimé est Son Fils Bien-Aimé, ton unique est Son Unique. Il est aimé du même amour, dont le Père a aimé Jésus : c'est le feu de l'Esprit à l'oeuvre, aujourd'hui. Je voudrai te dire encore, que j'ai redonné mon enfant au Père, dans un enfantement spirituel, chaque fois, que la douleur remontait, je présentais mon fils à Dieu, je Lui redonnais celui qu'Il avait créé pour Lui. Ma peine disparaissait immédiatement. Le travail du deuil est ce travail du don dans la prière : c'est couper le cordon ombilical de l'amour qui nous unissait !... Sans le Seigneur, je me serai effondrée en larmes incessantes; avec Lui, grâce à Lui, je vis dans la paix et la louange de ce qu'il a porté mon fils dans Sa Gloire.

DANS LA FRAGILITE DU DEUIL
Lorsque nous sommes dans la fragilité du deuil, nous sommes très vulnérables à la moindre marque de sympathie. Dans ce cas là, nous sommes incapables de discerner ce qui vient de Dieu ou du malin déguisé en ange de lumière. C'est pourquoi, il est indispensable de s'accrocher à Jésus et à sa parole, avec la prière simple de la Vierge Marie. Le Seigneur lui-même veut nous consoler par son Esprit Saint que nous ne pouvons accueillir, que dans la prière ! Il est bon de dire sa souffrance aux autres personnes, mais l'important est de la crier vers Dieu lui-même, afin que vidés

de nos angoisses, nous puissions recevoir, d'une façon renouvelée, l'Esprit de Vie. Quand une personne dit sa souffrance, il nous faut rester dans l'écoute attentive sans entrer dans l'agitation de la discussion !… Et permettre ensuite à la personne d'entrer dans l'écoute et la prière, afin que l'Esprit Saint lui-même fasse son œuvre ! … Ce ne sont pas les paroles de Monique qui toucheront, mais le Seigneur par les voies qui Lui plairont. Le contenu de ces méditations n'est, en aucun cas, mon chemin, mais un chemin qui fait parcourir en 32 semaines, les étapes classiques du deuil, en s'appuyant sur l'Ecriture. Il est inutile de demander à une personne qui est dans la révolte contre Dieu depuis son deuil, d'offrir son enfant à Dieu (ceci est la fin du chemin) car elle a dans son coeur **une amertume contre ce Dieu qui lui a pris son enfant**. Il lui faudra un long temps de guérison intérieure dans la prière pour découvrir que Dieu est Bon et qu'Il n'est que Miséricorde et Vie.

D'autre part, l'Eglise, dans sa sagesse, a toujours défendu d'entretenir un dialogue avec ceux qui sont morts, afin que nous soyons à l'écoute de la Parole du Seigneur et non à l'écoute de « soi-disant messages de l'au-delà » Or je lis dans un fascicule distribué dans certaines réunions de personnes dans le deuil, des extraits de « messages » d'enfant décédé comme celui-ci : « Parce que votre âme a pris les ailes de l'amour, vous êtes alors « mi-homme, mi oiseau ».
Où est notre Evangile ? Est-ce dans ces prétendus messages d'enfants morts ? Ou bien dans les paroles de Jésus ? Jésus était-il mi-homme, mi-oiseau ou bien Fils unique du Père, vrai Dieu, vrai homme? Tous ces signes soi-disant venus du Ciel, ne sont-ils pas des tentations à écouter la voix oppressante du Malin qui nous montre un Dieu méchant, cruel et nous fait alors demeurer dans une attente morbide d'entendre la voix de notre enfant. Heureusement l'Eglise a toujours été très prudente sur ce genre de manifestations, car la parole de l'Ecriture est forte :

« Il ne se trouvera chez toi personne pour interroger les revenants et les esprits ou consulter les morts, car tout homme qui fait cela est une abomination devant

Dieu » (Deutéronome chapitre 18, verset 11)

Je lis encore dans ces fascicules : « Son corps spirituel (psyché ou anima) ne s'est pas encore dégagé !...» Nous sommes en plein langage « New Age » !.. Attention danger ! Ceci n'est pas l'Evangile !... Une autre personne vous dira : « Mais mon fils parle, alors j'écoute. Un frisson a parcouru ma main qui s'est mise à écrire. L'écriture est devenue automatique... « hiératique » Cela me réconforte et me dit des choses qui ne sont pas en contradictions avec ma foi !... Cela m'aide même à prier ! » Or vous êtes dans la tristesse du deuil, de ce fait vulnérables au malin qui vous fait prendre cette communication, que vous pensez être avec votre fils, pour quelque chose venant de Dieu ou des saints. Vous n'êtes pas dans la communion des saints, mais vous êtes dans l'attente d'une réponse de votre enfant, car vous cherchez, sciemment ou non, un réconfort dans cette communication avec celui qui est décédé... Vous dites d'ailleurs vous-même : « cela me réconforte». Or nous devons chercher uniquement notre réconfort en Dieu Seul. Nos prières peuvent être portées par la Vierge Marie ou un saint. Nous leur demandons de prier pour nous !

C'est tout différent ! Mais vous, vous prenez l'habitude d'évoquer celui qui ne peut plus vous répondre... Votre main est prête à écrire... Vous êtes certaine que son esprit est là ! Vous entrez dans une communication avec un esprit mauvais et vous ne le savez pas, et celui-ci va vous détourner peu à peu de l'obéissance à Dieu. Le spirite Allan Kardec, a écrit lui-même : «Les esprits exercent sur le monde moral, et même sur le monde physique, une action incessante ; ils agissent sur la matière et sur la pensée et constituent une des puissances de la nature, cause efficiente d'une foule de phénomènes. Les relations des esprits avec les hommes sont constantes. Les communications des esprits avec les hommes sont occultes ou ostensibles. Les communications occultes ont lieu par l'influence bonne ou mauvaise, qu'ils exercent sur nous à notre insu ; les communications ostensibles ont lieu au moyen de l'écriture, de la parole ou autres manifestations matérielles, le plus souvent par l'intermédiaire des médiums qui leur servent d'instruments. Les esprits se manifestent spontanément ou sur évocation.» (Lu sur le site Final Age).

Quand un occultiste affirme que l'écriture automatique vient des esprits, nous ne pouvons plus dire le contraire, ni en minimiser la pratique ! D'autre part, saint Augustin et saint Thomas d'Aquin affirment avec beaucoup d'autres saints que c'est un démon qui répond, en lieu et place de notre enfant. Qu'il y ait ensuite des problèmes psychologiques qui se greffent sur l'écriture automatique, je veux bien le croire. On ne sort jamais indemne de pratiques occultes !!! D'ailleurs la personne est rapidement « liée » et ne peut plus se passer de cette écriture automatique !... Il faudra vraiment une prière de libération et parfois même un exorcisme pour retrouver sa liberté d'enfant de Dieu. Dans un premier temps, vous avez senti que cette communication vous aide à prier, mais sachez, que lorsque nous sommes dans la désobéissance à Dieu, nous ne pouvons plaire à Dieu. Vous dites, vous-même : « Cela m'aide à prier » Même si au début, vous avez l'impression de mieux prier, très vite, vous vous apercevrez que vous ne pouvez plus prier, comme auparavant. Dans un premier temps, la séduction du malin va vous entraîner vers une prière que vous croyez être de Dieu. Il va ensuite casser votre prière en la hachant... Car le but ultime du malin est de vous couper de Dieu, de vous perdre... Ces messages que certains appellent « christiques » (d'autres hiératiques) ne le sont pas, en réalité parce que Jésus ne donne plus de Paroles autres que son Evangile. Et si Jésus donne à une personne, une prophétie, celle-ci sera en concordance avec la Parole de Dieu dans la Bible. Dieu ne se contredit pas.

La Révélation est en effet terminée.

Seul Jésus pouvait donner des messages christiques : c'est-à-dire venant du Christ qu'Il Est. La Révélation est terminée depuis la mort du dernier apôtre. Dieu est Père et a interdit ce genre de communication. Nous lisons dans la Bible : « **Ne vous** tournez pas vers les spectres et ne recherchez pas les devins, ils vous souilleraient. JE suis le Seigneur, votre Dieu.» (Lévitique (19, 31)

« Le Seigneur parla à Moïse et dit ...
« Celui qui s'adressera aux spectres et aux devins pour se prostituer à leur suite, JE me tournerai contre cet homme-là et je le retrancherai du milieu de son peuple. Vous vous sanctifierez pour être saints, car je suis le Seigneur, votre Dieu. Vous garderez mes lois et vous les mettrez en pratique, car c'est Moi, le Seigneur, qui vous rends saints.» (Lévitique 20, 7-8)

« Il pratiqua les incantations et la divination, installa des nécromants et des devins, il multiplia les actions que le Seigneur regarde comme mauvaises, provoquant ainsi sa colère.» 2 Rois 21, 6

Le Seigneur non seulement nous a avertis que la communication avec les morts ou spiritisme est dangereuse pour nous, mais dans la récit de la résurrection de Lazare, Jésus nous dit :

«Il a été déposé un grand abîme pour que ceux qui voudraient passer d'ici vers vous, ne le puissent pas et que de là, non plus, on ne traverse pas vers nous.» (Luc 11,26)

On comprend mieux alors que ce n'est pas le défunt qui puisse répondre, mais bien un esprit comme l'a dit le spirite A.Kardec...

Faire le deuil, c'est justement renoncer à un amour fusionnel, à des consolations de substitution, mais à entrer dans le détachement de notre enfant pour le donner au meilleur des Père, dans une confiance totale. La maman qui écoute son enfant décédé, ne fait pas fait son deuil !

Faire son deuil, c'est s'attacher à Celui qui transforme la mort en Vie et entrer déjà dans sa Résurrection. Quand on est dans l'obéissance à Dieu et à ce qu'il ordonne, on est protégé de l'ennemi !

Jésus Seul fait passer de la mort à la Vie par grâce !...
Nous n'avons qu'un seul Maître : Jésus
Nous n'avons qu'un seul Sauveur : Jésus
Nous n'avons qu'une seule Parole : Jésus
Nous sommes, tout comme notre enfant, d'abord un enfant de Dieu, entre les bras du Père Céleste, c'est-à-dire du meilleur des pères, car Il a envoyé son Fils Unique Jésus pour nous sauver de la mort.

Seul le christ est vainqueur de la mort par l'amour
Fermons donc la porte aux médiums, écoutons notre maître et Seigneur. Que les messages viennent de X, d'Y ou de Z, fermons nos oreilles à ces tentations pour accueillir l'Esprit Saint. Outre le spiritisme et l'écriture automatique, sur ce chemin aride du deuil, peuvent surgir d'autres fausses lumières, comme la réincarnation, la radiesthésie !... j'ai le devoir de démasquer toutes ces idoles.... En effet, je ne me réincarnerai pas dans quelque autre forme de vie : j'ai été créé à l'image de Dieu, je suis fille unique de Dieu, c'est-à-dire créée unique. Jésus a donné sa vie pour que j'obtienne la Vie. IL est Ressuscité et Vivant.

La réincarnation nie le sacrifice de Jésus, puisque la personne arrive par ses propres forces, à se purifier dans ses différents Karmas. Or Jésus est venu et s'est offert en sacrifice parfait pour que j'aie la Vie Eternelle... Quant à la radiesthésie, avez-vous vu Jésus se servir d'un pendule pour décider de ce qu'il va faire ? Le pendule introduit dans une pratique occulte où peuvent intervenir des esprits mauvais...
Mais rappelons-nous : **Jésus a dit : « Je Suis le Chemin, la Vérité, la Vie »**

En octobre 2009, le nouveau nonce apostolique Mgr Ventura, par l'intermédiaire de Mgr Bravi, m'a encouragée à poursuivre mon action pour mettre en lumière les dangers d'une mauvaise compréhension du deuil des parents qui ont perdu un enfant. Donc appuyons-nous seulement sur la foi des apôtres et de Marie, en nous souvenant de la Parole de Jésus :

« Heureux ceux qui croient sans avoir vu »
« Car la foi est la réalité des choses qu'on ne voit pas » (Hébreux 11, 1)
La foi naît de la prière et de la lecture de la Parole de Dieu. La foi est entretenue par les sacrements et la proclamation des réalités révélées par Jésus. Je sais, par expérience, que la paix et la joie dans l'épreuve ne viennent que de Dieu dans la prière, dans la communion, c'est pourquoi j'ai écrit ce chemin du deuil : « Le second enfantement » qui peut faire entrer par la prière, la Parole de Dieu, dans le chemin de Résurrection avec Jésus, et la Vierge Marie.

Les 3 clefs de la guérison du deuil sont
1) La Miséricorde accordée par l'infini Amour du Seigneur à notre enfant.
2) Le pardon demandé à notre enfant pour nos fautes envers lui.
3) Enfin le don de notre enfant au meilleur des Pères.

Alors nous pourrons goûter et proclamer
« Combien le Seigneur est bon ; éternel est son amour »

Cependant il ne faut pas oublier que chacun marche à son pas, que chaque étape du deuil est psychologique et spirituelle, mais c'est toujours, un renoncement !... Lorsqu'on se sait aimé de Dieu, on peut enfin donner ce que l'on a de meilleur : notre enfant... Tout est grâce !... C'est au pied de la croix, dans la solitude et la pauvreté, que nous pouvons commencer à découvrir ce grand mystère du salut : Christ est mort pour moi pour m'entraîner dans sa résurrection. En effet, Jésus, Fils

Unique du Père, a pris chair de la Vierge Marie, a vécu en homme, est mort et ressuscité. Grâce à Dieu, je vis, je mourrai et je ressusciterai par la Puissance du Saint Esprit.

LE SECOND ENFANTEMENT

OU LA TENDRESSE DE DIEU
QUI SE PENCHE SUR SON ENFANT

CHAPITRE 1

LE DON DE L'ESPRIT CONSOLATEUR

Le chemin du deuil est le chemin du don
Le chemin du don est celui de l'Amour

Quelque chose craque, tout bascule
Quelque chose craque, tout bascule, tu étouffes un cri : il n'est plus. En ton coeur, comme un raz de marée, la douleur t'envahit, elle brise ton coeur et tu pleures !... Tu ne voulais pas laisser éclater ta souffrance, mais elle est trop forte pour la cacher !... Ne contiens pas ce volcan d'amour et de tendresse qui coule à ne plus pouvoir s'arrêter ! Laisse tes larmes couler comme Jésus le fit pour son ami Lazare ! ... Quel homme peut-il passer sans ressentir d'émotion devant ce drame, ce désastre qui bouleverse ta vie !... Le Seigneur sait, Lui qui a pleuré sur Jérusalem. Que l'amour brisé fait éclater comme une rosée cette affection à celui qui lui était uni... Mais Quelqu'un recueillera tes larmes, une à une !... Car Il a dit :

« **JE te consolerai sur mes genoux** ».

Dans le secret, ne l'entends-tu pas te dire
« **Aie confiance, j'ai vaincu le monde !** » « **Je suis avec toi** ».

Je ramasse tes larmes comme une prière. Ne sais-tu pas que là où il y a l'amour, Je Suis présent. Ton coeur est ébranlé par ce choc de l'écroulement de ton amour. N'aie pas peur, tu es mon enfant bien aimé ! Je t'écoute crier ta douleur… Tu hurles comme le Christ en Croix :

« **Mon Dieu, mon Dieu, pourquoi m'as-tu abandonné ?…** »
Pourquoi ? Pourquoi ? Répètes-tu ! Regarde ma mère !... Elle est debout, sans un cri, toute unie à mon dessein trop grand pour son coeur, qu'il en est transpercé ! Regarde la foi de ma mère, elle savait, elle sait que je n'abandonne jamais personne… « **Une mère oublie-t-elle son petit enfant ? Même si elle le pouvait, Moi, Je ne t'oublierais pas. Vois, tu es gravé sur la paume de mes mains.** » (Isaïe 49,15)

Approche-toi de ma mère, dépose ta souffrance en son coeur. Reçois d'elle « cette paix comme un fleuve » Ne crains pas, JE Suis avec toi pour te sauver…

JE CRIE VERS TOI, O MON DIEU !

- Je crie vers Toi, Ô mon Dieu, avec Marie et tous les saints, qui dans leur vie, dans le malheur et le bonheur voyaient Ta Volonté d'amour. Tout ce qui leur arrivait leur parlait de Toi ; mais comment voir Seigneur Jésus, Ta Présence dans ce mal qui m'arrive, dans ce deuil cruel qui me frappe !... Je n'arrive plus à voir Ton Amour au fond de cette épreuve. Je n'y vois plus clair. On m'a dit que Tu habites au fond de moi, que Tu m'as racheté pour que je vive avec Toi. On m'a dit aussi que Tu n'es qu'Amour et que Tu m'aimes d'un amour personnel. Vois ma peine, Seigneur !... N'es-Tu pas le vainqueur de la mort ? De cette mort de mon enfant, de cette mort qui rôde en moi et dont le poids de souffrance écrase mon coeur.
- « Ne crains pas mon enfant ! Ose croire que Je Suis Vivant !... Tu peux tout me dire, tout me demander, mais sache que le Fils de l'Homme lui-même a dû souffrir et mourir avant d'entrer dans la Gloire où Il était auparavant. « **J'ai vaincu le**

monde ! » N'aie pas peur. Je suis venu donner à chaque homme : la vie en abondance. Je veux sécher tes larmes et remplir ton coeur de la douceur de mon Amour. Viens, regarde la souffrance que j'ai endurée pour toi, pour celui que tu pleures... Vois le coeur de ma Mère, brisé comme le tien... Regarde sa foi plus forte que la mort. Donne-Moi tes souffrances, dis-moi ta peine !... Car Je Suis Ton Dieu, Je Suis Ton Père. Je Veux te donner Mon Esprit, Je Veux que Ma Joie soit en toi.

« Prends sur toi mon joug, tu verras, il est léger. »

Je te conduirai. Mon Amour te soutiendra, car nul ne peut l'éteindre !... Viens suis-Moi, n'aies pas peur, Je Suis Celui qui fait passer de la mort à la vie, aujourd'hui. Mon temps, c'est maintenant. Je ne te quitterai pas : rappelle-toi, n'ai-je pas dit :
« JE serai avec vous jusqu'à la fin des temps ».

Le temps est à moi, le temps est pour moi. Avance, sois sans crainte, Je veux te remplir de ma paix, de ma joie !

- Seigneur j'ai l'impression que Tu dors, tant je goûte l'amertume !...
- Moi aussi, j'ai goûté l'amertume ! Mais où est donc ta foi, ta confiance en Moi ? Ne sais-tu pas que je fus mort et que JE Suis Vivant... Ma vie, JE te la donne. Toi aussi, tu vivras par Moi. Réjouis-moi de ta prière du coeur. Je Suis en toi. Mon oreille est attentive à ta prière, car JE t'aime. Si Je ne te donne pas tout de suite ce que tu demandes, sache que je te donnerai toujours le meilleur pour toi, car Je Suis Ton Père.
- Mon Seigneur et mon Dieu !...

ACCUEIL DE L'ESPRIT CONSOLATEUR

Viens Esprit Saint, viens en nos coeurs
Viens Esprit Saint, viens Consolateur
Viens Esprit Créateur nous visiter
Viens éclairer l'âme de tes fils

Emplis nos coeurs de grâce et de lumière
Toi, qui créas toute chose avec Amour
Toi, le don, l'envoyé du Dieu Très-Haut
Tu t'es fait pour nous le défenseur
Tu es l'amour, le feu, la source vive
Force et douceur de la grâce du Seigneur

Donne-nous les sept dons de Ton Amour
Toi, le doigt qui oeuvres au Nom du Père
Toi, dont il nous promit le règne et la venue
Toi, qui inspire nos langues pour chanter.
Mets en nous ta clarté, embrase-nous
En nos coeurs répands l'Amour du Père
Viens fortifier nos corps dans leur faiblesse
Et donne-nous Ta Vigueur Eternelle.

Chasse au loin l'ennemi qui nous menace
Hâte-toi de nous donner la paix
Afin que nous marchions sous ta conduite
Et que nos vies soient lavées de tout péché.
Fais nous voir le visage du Très-Haut
Et révèle-nous celui du Fils

Et Toi l'Esprit commun qui les rassemble
Viens en nos coeurs, qu'à jamais nous croyons en Toi
Gloire à Dieu notre Père dans les Cieux.
Gloire au Fils qui monte des enfers !
Gloire à l'Esprit de force et de sagesse
Dans tous les siècles des siècles.
Amen

PAROLE DE DIEU

« J'entendis venant du trône, une voix forte qui disait : voici la demeure de Dieu avec les hommes. Il demeurera avec eux… Il essuiera toute larme de leurs yeux, la mort ne sera plus. Il n'y aura plus ni deuil, ni cri, ni souffrance, Car le monde ancien aura disparu … À celui qui a soif, Je donnerai de la source d'eau vive gratuitement. » (Apocalypse 21, 3-5)

LE DON DE L'ESPRIT CONSOLATEUR
Seigneur Jésus,
Viens au plus profond de mon coeur, chasser ce chagrin qui m'entraîne dans les larmes du deuil…

Seigneur Jésus,
Tu es venu pour nous donner la vie en abondance Tu veux me donner Ta paix et Ta Joie, signes de Ta présence.
Seigneur Jésus,
J'ai confiance en Toi. Je Te présente mon enfant, celui (celle) que Tu m'as donné(e) Tu l'avais créé(e) pour le bonheur de vivre ici-bas et dans Ton Royaume. La vie ne s'arrête pas : elle se transforme par Ta puissance de Résurrection.

Seigneur Jésus,

Tu es l'Amour, c'est pourquoi je te donne l'affection qui me lie à mon enfant, ainsi que l'affection que je ne puis plus recevoir de lui. Remplis-moi de Ton Esprit d'amour, car j'espère en ta Tendresse paternelle.
Amen

IMITE MA MERE

La Vierge Marie est une fille d'Israël, toute tournée vers Dieu par la grâce d'une effusion de l'Esprit du Seigneur, lors de sa conception. Nous, catholiques, nous croyons cela. Dieu avait préparé le coeur de Marie pour la réalisation de son plan d'amour.

Avec la Vierge Marie, nous allons suivre un chemin pour accueillir comme Elle, le Saint Esprit Consolateur, qui est venu reposer sur la mère de Dieu, tout au long de sa vie terrestre, mais plus spécialement à la Passion, pour que Sa Foi soit plus forte que la haine, les coups portés à son tendre Fils, la mort atroce qu'Il eut à subir en rémission de nos péchés. Marie a cru à l'accomplissement des Paroles de l'Ange, mais aussi a cru aux Paroles de Son Fils : le Verbe de Dieu ...

Croire en la Vie plus forte que la mort, croire en L'Esprit Saint, vainqueur de la mort, tandis que personne n'était revenu Vivant du séjour des morts !... Voilà la Foi de Marie. Donc nous allons suivre Marie, pas à pas, pour que l'œuvre de résurrection se fasse en nous, aussi !

Comme Marie, avec Marie, nous allons marcher sur ce chemin d'épines, de souffrance et de deuil, pour vivre avec Marie, la joie de la résurrection. Cette joie que nous ne pouvons pas nous donner, mais que nous pouvons recevoir de Jésus. Cette joie qui subsiste à travers l'épreuve, car elle est :

Présence agissante du Seigneur

Marie n'a jamais dit, à aucun moment de sa vie : « J'ai reçu l'Esprit Saint, car j'ai été conçue sans péché ». Au contraire, Marie a été accueil constant de l'Esprit par Jésus. Puis après la mort de Son Fils, avec les apôtres, à la Pentecôte, Marie a prié le Père d'envoyer l'Esprit promis par Jésus. Nous, à l'image de Marie, nous allons suivre l'humble Marie sur le chemin de la foi, qui mène à l'Esprit Consolateur. En effet, l'Esprit Saint est un Esprit de résurrection qui vient renouveler notre vie entière, dans tous les recoins de nos activités. Nul n'a, à l'image de la Vierge Marie, assez d'Esprit Saint. C'est pourquoi, nous chercherons toujours à accueillir une nouvelle plénitude de l'Esprit, cet amour fou qui vient de Dieu et qui transforme la mort en Vie.

«**Tu m'apprendras le chemin de vie, devant ta face, plénitude de joie, en ta droite, délices éternelles.**» (Psaume 16, 11)

PRIERE

Je viens à toi

Ô Marie toute remplie du Saint Esprit

Ô Marie, comblée de Sa grâce

Ô Marie, toi qui nous donnes Jésus

Ô Marie, toi qui as offert ton Fils au Père

Regarde-moi, qui suis meurtri(e) comme toi par la mort de mon enfant.

Ô Marie, toi qui as gardé les paroles de Jésus, en ton coeur

Ô Marie, toi qui as espéré contre toute espérance en l'Amour

De Dieu vainqueur de la haine des bourreaux.

Ô Marie, dont le coeur est tout uni au coeur de Jésus,

Regarde-moi qui suis meurtri(e) par la mort de mon enfant

Ô Marie, toi qui as accepté l'inacceptable pour que chaque homme puisse aller à travers la mort vers la vie

Ô Marie, je suis écrasé(e) par la souffrance de la séparation.

Je suis au pied de la croix et j'ai besoin de toi pour me faire cheminer vers la résurrection. Regarde-moi qui suis brisé(e) par la mort de mon enfant.

Ô Maman Marie, prends-moi par la main comme Jean, je suis ton enfant. Prie pour moi maintenant pour que j'aperçoive la Lumière dans mon obscurité.

Ô Maman Marie, je veux avec toi, aller vers Jésus et accueillir comme toi, l'Esprit Saint Consolateur que le Père t'a donné. Donne-moi ta foi et ta force. Regarde-moi qui suis meurtri(e) par la mort de mon enfant.

Viens Esprit Saint,
Viens en nos coeurs
Viens Esprit Saint,
Viens consolateur !

Cherchons avec la Vierge Marie les pas de Dieu dans notre vie. Déchargeons-nous de notre fardeau sur le Seigneur. Il prendra soin de nous…

CHAPITRE 2

MON DIEU !... MON DIEU !...
POURQUOI M'AS –TU ABANDONNE ?

C'est Moi, JE suis celui qui vous console
(Isaïe 51, 12)

Exposons nos souffrances au Seigneur qui est le meilleur des pères. Osons lui dire, sûr(e) qu'il nous écoute, tout ce qui nous fait mal. Comme nous y invite un chant de G. Lefèvre « N'aies pas peur laisse-toi regarder par le Christ, car Il t'aime... » Laissons le Seigneur visiter nos blessures, car IL pose sur nous un regard plein de tendresse...

« Mon Dieu mon Dieu, pourquoi m'as-tu abandonné ! »
Combien de fois ceux qui sont abattus par la brutalité du deuil crient leur souffrance ainsi vers le Seigneur, pensant qu'Il est absent, lointain !...Peu de personnes savent que le Seigneur est tout près des coeurs brisés, qu'Il est attentif à leurs cris, et leur redit : **« Gardez courage, J'ai vaincu le monde ! »** (Jean 16,33)

Jésus a donné son Esprit Saint aux apôtres avant une épreuve ou une mission. Cependant Jésus lui-même tout rempli de l'Esprit n'a pas craint de crier comme nous : « **Mon Dieu mon Dieu, pourquoi m'as-tu abandonné !** »

Car Jésus pendant sa passion, a porté nos péchés, nos maladies, toutes nos souffrances...

« **Ceux qui étaient crucifiés avec Lui l'injuriaient. A midi il y eut des ténèbres sur toute la terre jusqu'à trois heures. Et à trois heures, Jésus cria d'une voix forte : « Eloï, Eloï, lama sabaqthani » ce qui signifie : « mon Dieu, mon Dieu pourquoi m'as-tu abandonné ? »** » (Marc 15, 33)

Si Jésus n'a pas craint de crier d'une voix forte sa souffrance, nous aussi, nous pouvons crier notre souffrance. Cependant il ne faut pas oublier que Jésus à Gethsemani avait accepté que la volonté du Père se fasse !...

Nous sommes au début du chemin, où nous ne sommes pas encore capables par la grâce de Dieu, de dire : « entre tes mains, Père, je remets ma vie » cette vie qui me reste et où je ne goûte que l'amertume et la solitude; où je ne trouve plus la joie de vivre; où je désespère de moi et des autres.

Nous sommes au début du chemin du deuil fait de rejet de la mort, de déni de cette révoltante fin, de protestation devant ce Dieu qu'on me présente bon, et qui permet que je souffre ainsi; chemin aussi de tristesse et de désespoir ! Toutes ces réactions sont normales devant un tel drame.

Venons écouter Jésus, seul maître de la mort, Jésus Ressuscité qui a dit, avant sa croix, au mont des oliviers : « **Priez pour ne pas tomber au pouvoir de la tentation. Et Lui s'éloigna d'eux à peu près à la distance d'un jet de pierre; s'étant mis à genoux, Il priait disant : Père, si tu veux écarter de moi cette** coupe... Pourtant que ce ne soit pas ma volonté, mais la tienne qui se réalise. Alors lui apparut du ciel, un ange qui Le fortifiait. Pris d'angoisse Il priait plus instamment, et sa sueur devint comme des caillots de sang qui tombaient à terre. » Quand après cette prière, Il se releva et vint vers les disciples, Il les trouva endormis de tristesse. Il leur dit : quoi ! Vous dormez ! Levez vous et priez afin de ne pas tomber au pouvoir de la tentation. » (Luc 22, 39-46)

Dans la tristesse de la mort à venir ou dans la détresse après la mort de notre enfant : le Seigneur Jésus nous dit comme aux apôtres

« **Priez afin de ne pas entrer en tentation** » (Mt 26, 41)

Ces tentations sont multiples pour nous. Nous risquons de rester dans la désespérance après notre deuil :

• Si nous n'accueillons pas la Parole de Dieu qui est Puissance de vie,
• Si nous ne prions pas personnellement chaque jour et
• Si nous ne cherchons pas le Consolateur lui-même dans Sa Présence Eucharistique.

En Isaïe (51, 12) il est dit : « **C'est Moi, Je Suis Celui qui vous console** » Saint Paul nous dit : « **Nous ne voulons pas frères, que vous soyez ignorants au sujet des morts ; il ne faut pas que vous vous désoliez comme les autres qui n'ont pas d'espérance. Puisque nous croyons que Jésus est mort et qu'Il est Ressuscité, de même ceux qui se sont endormis en Jésus, Dieu les emmènera avec Lui... Réconfortez-vous donc les uns, les autres par ces pensées.** » (1 Thessaloniciens 4, 13 15)

De même dans le Siracide, c'est-à-dire le livre de Ben Sirac, il est dit : « **Mon fils, verse des larmes sur celui qui est mort, comme un homme cruellement touché entonne une complainte. Donne à son corps la sépulture qui lui est due et ne** néglige pas sa tombe. Lamente-toi amèrement, pleure à chaudes larmes, fais le deuil qu'il mérite, un jour ou deux pour éviter les médisances, puis console-toi de ta peine. Du chagrin, en effet, peuvent sortir la mort et l'affliction du coeur qui mine les forces… N'abandonne pas ton coeur au chagrin… Tu ne seras d'aucune utilité au mort et tu te ferais du mal. »** (Siracide 38, 16-22)

Il est vrai que la première partie de ce texte, nous l'avons déjà accomplie, mais se consoler, nous n'y sommes pas arrivés tout seuls. En effet le chemin de la consolation c'est un accueil permanent de la grâce du Seigneur Vivant aujourd'hui. La consolation recommandée est un acte de foi, une prière de confiance, un petit pas dans la direction du Seigneur, comme le fils prodigue revenant vers son Père qui lui ouvre les bras !... C'est la découverte ensemble, puis chaque jour dans la prière et les actes, que Dieu est Amour, rien qu'Amour… Dieu est Vie… Rien que Vie.

Donc la consolation n'est pas magique, mais active.

Je vais donc aller de temps en temps au cimetière pour entretenir la tombe, mais non plus pour chercher le mort parmi les morts, car mon enfant est vivant dans les bras du Père, Jésus et L'Esprit Saint. Tournons-nous vers Jésus à Gethsemani. Il nous montre le chemin pour résister à toutes les tentations qui se présentent à nous après un deuil : Jésus fléchissant les genoux priait le Père !…

PRIERE
Ô Jésus, mon Sauveur et mon Dieu !
Ô Jésus, crucifié pour nous
Ô Jésus, ressuscité et vivant !
Par la douleur amère dont vous fûtes inondé à Gethsémani et au jardin des oliviers. Par la crainte, qui vous pénétra jusque dans votre chair, Ô Jésus, délivrez-nous dans notre détresse, nos angoisses, après la mort de notre enfant bien aimé.

Ô Jésus, fortifiez notre foi dans nos souffrances actuelles. Soutenez-nous dans notre chagrin, afin que comme Vous, nous puissions dire : « Mon Dieu, que votre volonté soit faite. »
Amen

Dieu a poussé son amour jusqu'à devenir enfant, agneau du sacrifice pour que Lui, l'innocent offert, entraîne mon enfant et moi-même, dans le Feu de Sa résurrection. Jésus est venu non pour nous entraîner dans le deuil et la mort, mais pour nous tirer du deuil et de la mort :

JE SUIS VENU POUR QUE VOUS AYEZ LA VIE !

Jésus dit :
- **« Moi, je suis venu pour que les hommes aient la vie et qu'ils l'aient en abondance »** (Jean 10, 10)
- **« Je suis le bon berger, dit Jésus, et je donne ma vie pour mes brebis. »** (Jean 10, 14)
- **« Je suis le chemin, la Vérité et la Vie »** (Jean 14,6)
- **« Je suis le pain de vie »** (Jean 6, 48) **« Je suis le pain vivant descendu du ciel. Qui mangera de ce pain, vivra à jamais. »** (Jean 6, 51)
- **« Qui croit au Fils, a la vie Eternelle. »** (1 Jean 5, 10)
- **« Celui qui écoute ma parole et croit à celui qui m'a envoyé, a la vie éternelle. »** (Jean 5, 24)
- **« C'est mon Père qui vous donne le véritable pain du ciel. Car le pain de Dieu, c'est celui qui descend du ciel et qui donne la vie au monde. »** (Jean 6, 32-33)

Car la vie était auprès du Père et le Seigneur Jésus nous l'a manifestée.

« **Ce qui était dès le commencement, ce que nous avons entendu, ce que nous avons vu de nos yeux, ce que nous avons contemplé, ce que nos mains ont touché du Verbe de vie; car la Vie s'est manifestée : nous l'avons vue, nous en rendons témoignage et nous vous annonçons cette Vie Eternelle, qui était tournée vers le Père et qui nous est apparue** » (1 Jean 1, 1-2)

CHAPITRE 3

Il VOUS PRECEDERA EN GALILÉE

IL vous précèdera en Galilée
(Marc 16, 7)

« Quand le sabbat fut passé, Marie de Magdala, Marie, mère de Jacques et Salomé achetèrent des aromates pour embaumer Jésus. Et de grand matin, le premier jour de la semaine, elles vont à la tombe, le soleil levé. Elles se disaient entre elles « qui nous roulera la pierre de l'entrée du tombeau ? » Et levant les yeux, elles voient que la pierre est roulée ; or elle était très grande. Entrées dans le tombeau, elles virent assis à droite, un jeune homme, vêtu d'une robe blanche, et elles furent saisies de frayeur, mais il leur dit : « Ne vous effrayez pas. Vous cherchez Jésus de Nazareth, le crucifié, Il est Ressuscité, Il n'est plus ici ; voyez l'endroit où on l'avait déposé. Mais allez dire à ses disciples et à Pierre : « Il vous précède en Galilée ; c'est là que vous Le verrez, comme Il vous l'a dit » (Marc 16, 1-8)

Les femmes cherchaient Jésus pour l'embaumer selon la tradition juive. Ces femmes pensaient trouver son corps au tombeau, à l'endroit où on l'avait déposé ! Elles ne pensent qu'à rendre au mort le culte, le soin qui lui est dû… En saint Luc, chapitre 4, versets 5 à 10, il est dit aux femmes :

« Pourquoi cherchez-vous le Vivant parmi les morts ? Il n'est pas ici, mais Il est ressuscité. Rappelez-vous comment Il vous a parlé quand Il était en Galilée. Il disait : « il faut que le Fils de l'Homme soit livré aux mains des pêcheurs, qu'Il soit crucifié et que le troisième jour, Il Ressuscite. »

Ces femmes connaissaient les paroles de Jésus. Nous savons par les apôtres, que Jésus est Vivant, et que ceux qui croient en Lui, passeront de la mort à la vie. Et pourtant… après avoir donné une sépulture à notre enfant ou à nos parents, nous vivons comme s'ils étaient toujours morts !… Notre pensée est obsédée, accaparée par leur « absence-présence » et nous n'arrivons plus à nous détacher du cimetière… Jésus qui savait que ses apôtres et les femmes étaient des gens comme nous, lents à croire (Luc 24, 25) leur fait dire que ce n'est pas au tombeau de Jérusalem qu'il faut Le chercher, mais en Galilée : il fallait donc quitter la Judée, traverser la Samarie, pour arriver en Galilée, au bord de la mer de Tibériade (soit environ 120 Km !…) pour voir Jésus Vivant ! Il est demandé aux apôtres et aux femmes de faire tout ce chemin pour enfin voir Jésus, parce que, ce n'est pas au tombeau qu'ils pourront Le rencontrer.

« Voyez l'endroit où on l'avait déposé »

Si nous voulons rencontrer notre enfant, ou nos parents que nous avons aimés, ce n'est pas au tombeau, lieu de mort, que nous pourrons les rencontrer, mais en Jésus qui est Dieu et qui contient tout : c'est-à-dire dans la communion au Corps du Christ Ressuscite et Vivant… Il nous faut donc faire le chemin du cimetière à l'église ; du cimetière à notre chambre où dans le secret de nos coeurs, nous pouvons trouver notre Unique Sauveur. Alors ne pensez pas que vous serez un mauvais père ou une mauvaise mère, parce que vous n'irez plus au cimetière que deux ou trois fois par an ! Non, au contraire, en désertant le cimetière pour l'église, ou pour prier dans votre chambre, vous allez vers Dieu, selon ce qu'Il désire pour vous, pour nous; ce sera un acte courageux, un acte de foi et un acte d'obéissance à la parole :

« **Console-toi de ton deuil** » (Ecclésiastique 38, 17)

Le Seigneur ne peut lui-même nous combler de ses grâces que si nous faisons un pas vers Lui Jésus qui Seul détient les clefs de la mort… Et qui est venu pour :

« **Détruire les oeuvres du diable** » (1 Jean 3, 8)

Évidemment en faisant cet effort de déserter le cimetière pour aller à la messe, nous serons, certains jours, découragés ou culpabilisés ! ? Si je ne fais pas cela, je ne me sens pas bien ; j'ai l'impression de n'avoir pas fait ce qu'il convient de faire pour mon enfant auquel je dois bien cela !… Tous ces sentiments de culpabilité sont en fait, des tentations du Malin qui veut nous détourner de Dieu et nous entraîner dans le désespoir du tombeau… Ne nous laissons pas faire ! Allons chercher Jésus Vivant là où Il est, dans l'Eucharistie et nous rencontrerons le Consolateur, Celui qui a dit à la veuve qui pleure son enfant : « **Ne pleure pas** » (Luc 7, 13) Celui qui a dit à l'officier royal : « **Va, ton fils vit** » (Jean 4, 50)

La compassion du Seigneur Jésus pour les hommes et les femmes de Palestine est aujourd'hui la même pour nous qui pleurons. Le Coeur de Dieu ne change pas… C'est l'homme qui est changeant !

DIEU EST AMOUR TOUJOURS

Je veux revenir sur notre agitation intérieure, sur nos sentiments de culpabilité face à notre vraie culpabilité. Quand un enfant meurt subitement, le réflexe est de dire : si j'avais fait cela, si je lui avais dit cela !… Et alors nous sommes rongés par le remords ! Cela n'est pas bon. En effet, la première chose que dit Jésus à ses apôtres : **« La paix soit avec vous »** Notre coeur n'est pas en paix. Comment accueillir cette paix de Jésus ?

« Regardez mes mains et mes pieds, c'est bien Moi. Touchez-moi, regardez » (Luc 24, 39)

En regardant le Christ Ressuscité, nous pouvons alors accueillir ce qu'Il nous donne : sa paix et la joie de savoir notre enfant vivant par Lui. C'est très beau de voir avec les yeux de la foi : notre Dieu nous montrer ses plaies qui existent dans son corps ressuscité ; ses plaies par lesquelles nous sommes sauvés de la mort éternelle.

C'est par grâce, en effet que vous êtes sauvés, par le moyen de la foi; vous n'y êtes pour rien, c'est le don de Dieu. Cela ne vient pas des oeuvres, afin que nul n'en tire orgueil. Car c'est Lui qui nous a faits : nous avons été créés en Jésus Christ pour les oeuvres bonnes que Dieu a préparés d'avance, afin que nous nous y engagions (Ephésiens 2, 8-9)

Si nous souffrons d'un sentiment de culpabilité en prenant appui sur Jésus Vainqueur de Tout Mal, nous pouvons dire un Notre Père afin d'être délivrés de ce qui nous inquiète. Si après cela, nous ne sommes pas en paix : alors nous pouvons faire appel au Saint Nom de Jésus en disant :

Par Ton **Saint Nom**, Seigneur Jésus, chasse de mon esprit tout sentiment de culpabilité et je Te demande de mettre la paix de Ton Esprit Saint en moi.

« Revêtons-nous de l'armure du Christ »
Comme nous le recommande saint Paul dans sa lettre aux Ephésiens (6, 11 et suivants). Si par hasard, la paix de Dieu ne nous recouvre pas, déposons alors ce que nous pensons être une faute devant le Seigneur et demandons le sacrement de réconciliation. Après l'absolution donnée par le prêtre, notre coeur doit être dans une paix profonde. Si un sentiment de culpabilité persiste : persistons dans la prière de rejet du sentiment de culpabilité, tranquillement sachant que Dieu est toujours là pour nous délivrer.

En résumé :
Un sentiment de culpabilité n'est pas une faute, c'est une tentation qui nous ronge et nous mène au péché et désespoir. Un sentiment de culpabilité prend racine dans nos propres blessures d'amour. Chaque être est créé par l'amour pour l'Amour. Chaque manque d'amour est une blessure.

La culpabilité vraie est une faute envers l'Amour de Dieu. Cette faute est lavée par le sang du Christ, dès l'instant où, nous mettant à genoux, nous en prenons vraiment conscience et nous regrettons sincèrement devant Jésus, ce manque d'amour. Cependant, il est bon d'aller se confesser pour accueillir l'Esprit Saint qui recrée son enfant. Rappelons-nous que si le Christ a voulu mettre une grande distance entre le lieu de sa mort et le lieu où ses apôtres l'ont vu vivant, c'est qu'Il désire que nous vivions dans Sa Résurrection et non dans la tristesse du deuil.

Jésus a institué l'Eucharistie juste avant sa mort, pour que nous vivions de Sa Présence nouvelle dans le pain et le vin... De plus, Jésus nous a envoyé son Esprit Saint pour que nous soyons transformés de l'intérieur par sa grâce : ses apôtres peureux sont devenus des évangélisateurs au péril de leur vie. Ils ont proclamé non seulement la mort de Jésus, mais Sa Résurrection ! La mort a été vaincue par le Christ pour nous.

DIEU TU ME CONDUIS
Même si je ne le perçois pas, Dieu est là qui me propose un chemin avec Lui, car c'est Lui le chemin. Je dois Le suivre, si je veux le bonheur. Lui Il donne le Bonheur et en dehors de Lui, il n'y a pas de Bonheur. Dieu sait tout de moi. Il connaît les chemins de traverse que j'ai empruntés, mais Il pose sa main sur moi pour me redresser et me soutenir pour continuer le chemin.

Psaume 18
Je t'aime Seigneur ma force
Le Seigneur est mon roc,
Ma forteresse et mon libérateur.
Il est mon Dieu, le rocher où je me réfugie,
Mon bouclier, l'arme de ma victoire,
Ma citadelle, Loué soit-Il
J'ai appelé le Seigneur
Et j'ai été vainqueur de mes ennemis
Les liens de la mort m'ont enserré...
Les pièges étaient tendus devant moi !
Dans ma détresse, j'ai appelé le Seigneur
Et j'ai crié vers mon Dieu
De son temple, Il a entendu ma voix
Le cri jeté vers Lui est parvenu à ses oreilles
Il m'a dégagé, donné du large
Il m'a délivré, car Il m'aime
Ta Parole Seigneur est vérité et ta loi délivrance !

CHAPITRE 4

DECHARGE –TOI DE TON FARDEAU SUR LE SEIGNEUR

> Venez à moi vous tous qui peinez
> Et Moi, Je vous donnerai le repos
> (Matthieu 11, 28)

« **Décharge-toi de ton fardeau sur le Seigneur, Il prendra soin de toi** » nous dit l'apôtre Pierre dans sa première lettre, au chapitre 5, verset 7. Jésus lui-même nous invite : « **Venez à Moi, vous tous qui peinez et ployez sous le fardeau, et Moi, Je vous donnerai le repos. Prenez sur vous mon joug et mettez-vous à mon école, car JE suis doux et humble de coeur et vous trouverez le repos de vos âmes.** » (Matthieu 11, 28-29)

JE VIENS VERS TOI PERE
Et Toi, Seigneur, Tu me guides par ta Parole. Un père de la terre peut dire à son fils : « je te donnerai une bicyclette, une mobylette ou un ordinateur, lorsque tu auras bien travaillé, et que tu auras réussi ton examen...» Mais notre Père du Ciel, notre Papa Bon Dieu que dit-il par Jésus ?

« Eh bien, Moi, Je vous dis : « demandez et l'on vous donnera; cherchez et vous trouverez ; frappez et on vous ouvrira. En effet, quiconque demande reçoit, qui cherche, trouve; et à qui frappe, on ouvrira. Quel père parmi vous, si son fils lui demande un poisson, lui donnera un serpent au lieu d'un poisson ? Ou encore, s'il demande un oeuf, lui donnera-t-il un scorpion ? Si donc vous qui êtes mauvais, savez donner de bonnes choses à vos enfants, combien plus le Père Céleste donnera-t-il l'Esprit Saint à ceux qui le lui demandent » (Luc 11, 9-14).

Nous pouvons donc demander avec la confiance du petit enfant ce qu'Il y a de meilleur : l'Esprit Saint. Car être rempli de l'Esprit Saint, c'est être rempli de l'Esprit de Vie, de Résurrection ; tandis qu'être rempli de l'esprit de mort, c'est être rempli de désespoir, de tristesse, d'angoisse jusqu'à la mort. Une mère qui attend de mettre au monde un enfant, va se nourrir de bonnes choses, afin que son bébé ne manque de rien dans son sein. De même celle qui va enfanter son enfant au Seigneur, doit se nourrir de Dieu : de Sa Parole, de son Corps, de Son Esprit Saint. Si nous accueillons l'Amour, nous pourrons enfanter notre enfant et le donner au plus tendre des pères en coupant ce cordon ombilical bien réel qui nous lie encore à notre enfant.

Accueillir l'Esprit Saint, c'est rencontrer Jésus, c'est connaître le Père, c'est retrouver la finalité de notre être « créé pour l'Amour et par Amour » Cette aspiration de notre être est aussi l'aspiration de notre enfant. C'est pourquoi la mort de notre enfant nous accable, car elle est le contraire de ce que Dieu veut pour nous : la vie.

PRIÈRE D'EFFUSION

Seigneur,
Je viens à toi tel (le) que je suis, avec mes blessures, ma foi et mes doutes.
Seigneur Jésus, je sais que Tu m'as racheté(e) et que je vaux le prix inestimable de Ton Sang versé pour moi. Rien, ni personne, ne peut me priver de Ton Amour inépuisable. C'est pourquoi, je viens à Toi pour être soulagé(e) de cette souffrance intolérable depuis la mort de mon enfant.

Seigneur,
Je Te remercie de m'avoir donné ton Esprit, à mon baptême et à ma confirmation. Renouvelle en moi Ton Esprit. Comble-moi d'une nouvelle plénitude de Ton Esprit, de manière que je puisse Te rencontrer quand je reçois les sacrements, que je puisse Te trouver dans la prière et en lisant Ta Parole.

Seigneur,
Donne-moi Ton Esprit, pour que je puisse voir Ton Amour, alors que je ne vois que désastre et tristesse.
Donne-moi ton Esprit pour que j'accueille Ton Amour pour aimer à mon tour.
Donne-moi Ton Esprit, pour que je puisse pardonner, comme Tu pardonnes.
Donne-moi Ton Esprit pour que je sois témoin de Toi, qui t'est livré pour nous.
Donne-moi Ta paix profonde et Ta joie, signes de Ta Présence.
Ô Seigneur, remplis-moi de Ton Esprit Saint, car je désire être transformé et recevoir tout ce que Tu veux me donner.
Amen (selon C.Aldunate)

CHAPITRE 5

DEUIL PASSAGE OBLIGE

Celui qui croit en moi, même s'il meurt, vivra
(Jean 11, 25)

Que le deuil soit brutal ou attendu, il est toujours déchirement !... Notre coeur est ouvert en deux : un morceau saigne, tandis que l'autre est entre les mains du Père de Miséricorde !... En effet le Père a deux mains, (nous dit un Père de l'Église) : Jésus et l'Esprit Saint.

- Jésus qui a donné sa vie pour que nous ayons la Vie éternelle
- L'Esprit Saint qui est Feu d'amour.

Nous, ici-bas nous sommes comme écartelés, amputés d'une part de nous-mêmes. Alors nous cherchons la Consolation, le bonheur perdu... Nous sommes comme la femme de cette histoire à qui l'on a dit : « je connais, quelqu'un qui te fera retrouver le bonheur !...» Cette femme partit assez loin, à l'étranger et chercha en Orient, celui qui pourrait lui apporter la consolation !... Elle ne trouva rien d'autre qu'un homme qui lui dit : « je m'évade de cette vie de souffrance en me jetant dans le grand tout ». Sans consolation, elle partit aux États-Unis où elle ne vit qu'agitations et distractions, et où sa souffrance n'arrivait toujours pas à être calmée. Bien au contraire, elle empirait. De retour en France, elle continua de chercher la paix du coeur après son deuil, elle apprit qu'en haut d'une petite colline, Il y avait une chapelle où quelqu'un pourrait lui donner le Bonheur. Elle voulut y entrer. Elle tambourinait contre la porte pour entrer de force et trouver enfin le repos. Mais la porte ne céda pas. « Celui qui est à l'intérieur, se moque bien de ma souffrance, dit-elle, d'ailleurs ils se moquent tous de ma souffrance !...» Lasse, épuisée, elle s'assit contre la margelle et se mit à pleurer... Un rais de Lumière passa à travers la porte qui venait de s'entrebâiller et elle vit Jésus pousser totalement la porte et la prendre dans ses bras comme un enfant...

- Pourquoi Seigneur m'avoir répondu si tard ? Je t'ai cherché partout !
- J'étais là, mon enfant. Je t'attendais... Je ne pouvais pas t'ouvrir, car tu poussais toi-même la porte dans le mauvais sens !...

De fait nous voulons bien la Consolation du Saint Esprit, mais nous avons peur de l'accueillir... L'eau vive ne peut venir nous imbiber, nous laver, car nous avons ouvert le parapluie ! Au lieu de nous laisser baigner comme un petit enfant; au lieu de nous laisser laver nos plaies. Car nous avons peur de Dieu, nous avons de fausses images de Dieu. Or Jésus n'est pas venu pour les bien portants, mais pour les malades.

« Car le Fils de l'homme est venu sauver ce qui était perdu» (Luc 19, 10)

Je suis cet enfant perdu qui touche l'abîme de la pauvreté radicale devant la mort ! Je suis cet enfant perdu qui est incapable de joie ! Je suis cet enfant perdu qui touche le fond de la misère dans la solitude ! Alors je crie vers Dieu : sans Toi, Seigneur, je ne puis rien faire !... Viens à mon secours ! Et dès qu'on crie vers Dieu, on est sauvé : la porte s'ouvre : Jésus est là...

Nous marchons vers Le Seigneur, vers le Royaume, vers la vie éternelle !... Le deuil nous fait franchir une étape dans notre foi : ce que je proclame devient une réalité que je suis en train de vivre. Avec le Seigneur, je suis amené(e) à compter la vie de mon enfant, de celui ou celle que je pleure, non plus en années, mais en Eternité. Mes repères tombent. Une part de moi-même entre dans le Royaume.

DEUIL PASSAGE OBLIGE

En marchant vers le Père avec Jésus, mon coeur peu à peu se remplira de joie. Sa Parole pleine de Lumière, conduira mes pas jusque dans le Royaume. Car le Seigneur m'aime depuis toute éternité et à cause de son amour, IL nous a donné son Fils Unique qui nous sauve de la mort, en mourant sur une croix. Notre calendrier va changer : nous savons qu'en Jésus, nous sommes tous vivants. Même si nous sommes morts, Dieu est assez Puissant pour nous rendre la vie. Nous sommes créés pour une éternité de joie... La mort nous oblige à entrer par la foi dans cette éternité de joie.

Ô mon Dieu, Toi qui vois tout
Ô mon Dieu, Toi qui sais tout
Ô mon Dieu, Toi qui ne juges pas
Ô mon Dieu, Toi qui nous sauves de la mort

JE VIENS VERS TOI !

Je viens donc vers le Seigneur, tel(le) que je suis, avec mon tout mon coeur, mais aussi avec mes doutes et mes péchés, sachant seulement que Jésus a versé son Sang pour moi et qu'IL m'invite à Le suivre.

« Celui qui a mes commandements et qui les garde, c'est celui-là qui m'aime; or celui qui m'aime sera aimé de mon Père; et je l'aimerai et je me manifesterai à lui.» (Jean 14, 21)

Pour me manifester sa tendresse, le Seigneur me donne la paix au milieu de mon combat. « **Je vous laisse la paix; c'est ma paix que je vous donne; JE ne vous la donne pas comme le monde la donne. Que votre coeur ne se trouble, ni ne s'effraie.** » (Jean 14, 27)

PRIÈRE

Seigneur Jésus

Dans ta Sagesse au-dessus de ma compréhension,

Je suis privé(e) de cet enfant, très cher.

Tu l'avais créé(e) pour le bonheur d'être avec Toi

Nous confiant le soin de le faire grandir en Toi.

Je crois que sa vie ne s'arrête pas à la mort,

Mais elle se transforme !…

Seigneur Jésus,

Je crois que Tu es Vivant,

Tu es l'amour auquel aspire tout homme

Je crois que je reverrai mon enfant vivant dans Ta Gloire.

Dès maintenant en recevant ton Corps,

Je reçois Celui qui contient tout

Et en particulier l'âme de celui que j'aime.

Amen

Tu nous as fait pour Toi, Seigneur et notre coeur est sans repos, tant qu'il ne demeure en Toi (St Augustin)

« **JE me tiens à la porte et Je frappe, dit le Seigneur. Si tu m'ouvres ton coeur, je ferai chez toi ma demeure.** » (Apocalypse 3, 20)

Je dors, mais mon coeur veille. J'entends le Seigneur qui m'appelle « ouvre-moi, mon ami » (Cantique des Cantiques)

Je vais te conduire au désert et parler à ton cœur. Et tu me répondras comme aux jours de ta jeunesse. (Osée 2, 16)

Quand le Seigneur nous parlait en chemin nous ouvrant les Ecritures, notre coeur n'était-il pas tout brûlant ? (Luc 24)

Vous êtres tristes, car je m'en vais chez mon Père, mais JE vous reverrai, et votre joie nul ne pourra vous la ravir. (Jean 16)

Ces extraits de textes de l'Ecriture ont été mis en musique par G du Boullay

JESUS EST VENU POUR QUE NOUS AYONS SA VIE EN ABONDANCE !
Cette vie en abondance est cette vie qui ne finira jamais. Jésus lui-même définit cette vie dans le Royaume : « **Or la Vie Eternelle c'est qu'ils Te connaissent, Toi le seul vrai Dieu, et Celui que Tu as envoyé Jésus Christ** » (Jean 17, 3)

Jésus est venu afin que quiconque croie en Lui, ait en Lui la Vie Eternelle.
« **Dieu en effet, a tant aimé le monde, qu'Il a donné son Fils Unique pour que tout homme qui croit en Lui, ne périsse pas, mais ait la Vie Eternelle. Car Dieu n'a pas envoyé son Fils dans le monde pour juger le monde, mais pour que le monde soit sauvé par Lui.** » (Jean 3, 15-8)

La personne qui a accepté de mourir a déjà un pied dans la Vie Eternelle. Cette Vie Eternelle nous oblige à passer par la mort pour accéder à une condition plus haute. C'est un passage obligé, mais la vie se transforme et ne s'arrête pas. Pour nous qui sommes dans l'épreuve de la séparation, nous allons passer par un chemin difficile, douloureux, où parfois la souffrance devient intolérable. Or si nous suivons les étapes du deuil, si nous faisons notre deuil avec Marie sur les pas de Jésus, notre souffrance va être portée par Jésus qui se fera Simon de Sirène pour porter notre croix. Notre souffrance vient de cet éloignement de nos yeux, de notre coeur, de notre vie, de celui ou celle que l'on a aimé. En Dieu, il n'y a ni temps, ni espace, il y a seulement Dieu Tout Puissant en Amour. Nous sommes parfois, comme si on nous avait arraché un membre, tellement on était uni à notre enfant. Cependant il nous faut revenir au début : Dieu a voulu créer avec un homme et une femme, son enfant… Avant d'être notre enfant, il était enfant de Dieu, créé à son image. Donc pour guérir de notre souffrance, il faut contempler ce Dieu qui « crée par amour » pour donner la vie terrestre et la vie éternelle !... Comme saint Augustin, nous pourrons redire *« Tu nous as fait pour Toi et notre coeur est sans repos tant qu'il ne demeure en Toi ! »*

Notre vie, notre paix, notre bonheur est en Dieu. L'acceptation de notre deuil est le bout de chemin, quand on découvre l'infinie Miséricorde de notre Sauveur. Alors on s'attachera à Lui, en Lui offrant notre enfant et tout ce qui nous rattache à lui. C'est le don, le plus précieux que nous pouvons faire à notre Dieu. Cependant plus le deuil est brutal, plus il est difficile d'aller directement à l'offrande de notre enfant, comme la Vierge Marie a fait quand elle est allée au temple avec Joseph. Le but n'exclut pas la souffrance du don.

«Et toi-même, un glaive te transpercera l'âme» (Luc 2, 35)

Marie était dans la joie d'avoir un fils qu'elle consacre à Dieu et qu'elle offre au Père, mais aussitôt la souffrance du don est là. Cependant Marie est toujours «servante». Elle accueille cette parole, qu'elle gardera en son coeur. Étant donné que nous n'avons pas cet état d'esprit d'être «servante» c'est-à-dire dans la volonté du Père : nous connaissons en général ces étapes du deuil :

- Le déni
- La protestation
- La tristesse
- La peur
- Le marchandage, au niveau émotionnel et au niveau spirituel
- L'acceptation qui nous attachera fortement au Seigneur

Nous pourrons alors, pardonner à tous et aussi à Dieu, ce départ. Nous pourrons ensuite, offrir notre enfant en coupant le cordon ombilical, et en le remettant au plus tendre des pères. Quand on a pu faire l'offrande, on vit dans la paix et une joie profonde nous envahit : celle du Saint Esprit. C'est alors que l'on devient tout humble dans la Toute Puissance du Dieu Amour de qui nous « vient toute grâce » :

« **La grâce des grâces, c'est le Royaume** »

À celui qui est parti et à nous-mêmes, la grâce de résurrection est donnée, dans la communion des saints : c'est-à-dire ceux qui sont sanctifiés par le Sang de Jésus. Nous pouvons clamer au Seigneur : « **Tu me fais connaître la route de la vie** » (Ps 16 11) tandis que notre enfant baigne dans cette joie : « **qui abonde près de ta face, à Ta droite délices éternelles.** »
Nous ne pouvons rien sans Jésus, et tout avec lui. C'est Lui-même qui l'a dit.

INTERCESSION
Refrain : Sur les chemins de la vie, sois ma Lumière Seigneur !
Pour nous qui sommes blessés par ce deuil
Pour nos enfants que Tu as accueillis
Pour que nous Te recherchions, Toi, l'Esprit de Vie,
Nous Te prions Seigneur
Pour ceux qui pleurent sans oser espérer

Pour ceux qui ne veulent pas Te chercher
Pour nos enfants déjà partis,
Nous Te prions Seigneur
Pour ceux qui souffrent d'un deuil brutal
Pour ceux qui ont vu souffrir leur enfant
Pour que nous découvrions Ta Présence de Père
Nous Te prions Seigneur
Pour ceux qui sont seuls pour continuer à lutter
Pour ceux qui n'ont plus la force de lutter
Pour que Tu deviennes leur force
Nous Te prions Seigneur

« **Nous, nous sommes citoyens des Cieux; c'est à ce titre que nous attendons comme Sauveur le Seigneur Jésus Christ, Lui qui transformera nos pauvres corps à l'image de son corps glorieux, avec la Puissance qui Le rend capable aussi de tout dominer** » (Philippiens 3, 20)

Ainsi notre enfant nous a quittés : il était mort, mais voici qu'avec la Puissance d'Amour de Dieu : il est vivant : Il est entre les bras de L'amour. Le Père a envoyé le Fils, pour qu'en Lui, notre enfant ait la vie. L'Esprit Saint est cet Esprit de Résurrection qui a fait sortir Jésus du tombeau. C'est cet Esprit Saint qui nous est donné et que nous allons accueillir, à nouveau, pour vivre le temps de la séparation.

CHAPITRE 6

SEIGNEUR TU ETAIS PRESENT

Si je me lève ou m'assoie, Tu le sais
(Psaume 139, 2)

1e étape : Le déni
La première réaction devant le deuil est le déni !... Ce n'est pas vrai, je rêve !... Il va revenir. Ce ne peut être vrai... Moi, je n'arrive pas à y croire. Je ne veux pas y croire !... C'est le déni de la mort : comment une telle horreur peut-elle m'arriver ? Pourquoi ?... Pourquoi la mort, s'il y a un Dieu Bon ?... Du déni de la mort qui nous bouleverse, nous passons vite à la deuxième réaction, car ce n'est pas possible que Toi Seigneur, Tu permettes une telle chose.

2e étape : la protestation
Mais où étais-Tu Seigneur, dans ce désastre ? Que fais-Tu, face à tant de souffrance, face à la mort. En effet, qui peut rester insensible devant ce drame qui est irréversible du point de vue humain ? Très vite, si la toute puissance de notre intelligence, de notre science, de notre connaissance, a échoué; si notre volonté de

tout maîtriser s'est heurtée à l'inévitable, alors nous pouvons tomber dans la 3eme réaction.

3e étape : La révolte

Dieu est encore présent dans notre enfer intérieur. Rien ne décourage Son Amour. En effet Jésus n'est pas venu nous donner des explications au sujet de la mort, mais Il a voulu connaître de l'intérieur, toute l'angoisse et la tristesse de l'homme pour le tirer jusqu'en Sa Vie Eternelle. Face au mal, Jésus nous met en garde en nous disant que « Satan est le père du mensonge et qu'il est homicide depuis le commencement.» (Jean 8,44) Dans cette épreuve, notre foi peut s'obscurcir... Car nous nous heurtons au grand mystère du mal : « mystère d'iniquité » nous dira l'apôtre Paul. Et nous pouvons nous enfoncer dans la tristesse!... Attendant de la part de nos amis, de nos parents, de la compassion, mais en vain, le plus souvent !... L'hôte intérieur : le Seigneur est toujours là !… Mais nous ne Le voyons plus !... Trop de douleur peut faire trébucher la foi. La révolte gagne tout notre être : nous en voulons à Dieu qui pouvait dans Sa Puissance éviter cela. Marthe dira à Jésus :
« Si Tu avais été là, mon frère serait toujours vivant » (Jean 11, 21)

Si nous avons la chance d'avoir des frères pour prier pour nous : alors peu à peu, en exprimant notre souffrance au Seigneur, dans notre prière, nous entendrons résonner cette parole de Jésus à Thérèse d'Avila qui lui disait : « mais où étiez-vous donc Seigneur, lorsque je combattais pour vous garder ma foi ? »

- **« J'étais au fond de ton coeur, te soutenant sans cesse. »**

Voilà l'oeuvre de Dieu en nous, aussi. « Je veux ta victoire » dit Jésus à Thérèse, et ma victoire n'est-ce pas celle de Jésus en moi ? C'est dans l'épreuve, que nous ressentons le plus, notre pauvreté, notre impuissance. C'est dans l'épreuve aussi que le Seigneur révèle sa force qui repose sur notre faiblesse. Ce n'est plus ma force épuisée, anéantie, qui peut me faire traverser l'épreuve, mais la force de Dieu en moi. Saint Paul nous affirme :

« Car, lorsque je suis faible, c'est alors que je suis fort » (2Corinthiens 12, 10)

Dans ma révolte, je peux écouter deux voix :
- L'une forte, lancinante, oppressante: celle du malin ;
- L'autre douce : celle de Dieu !

Le malin rapporte aussitôt la faute de cette mort sur Dieu qui est cruel de permettre une telle chose. N'est-Il pas le Tout Puissant ? N'est-Il pas le Messie qui vient sauver ? Nous entendons, comme Jésus au désert, le malin qui veut nous détourner de notre but : Dieu ! Autrement dit : Jésus, dont le Nom veut dire « Dieu Sauve ». Le malin, l'accusateur, nous place alors comme victime d'un Dieu lointain et méchant, alors que

« Le Père a envoyé Son Fils pour que par Lui, nous ayons la vie »

La mort de notre enfant est pour nous une perte irréparable, mais Jésus transforme la mort en vie. Comme Jésus est passé de ce monde à son Père, notre enfant, « par pure grâce » passera, ou bien est déjà passé, de la mort à la Vie. Et nous, privés de l'amour de celui qui est parti, nous allons marcher en suivant Jésus, avec un pied dans le Royaume et un pied sur la terre.

- Si nous écoutons le Malin, nous vivrons avec un pied en moins. Nous vivrons amputé d'une part de notre être. Par sa création, notre enfant fait partie de nous, même s'il est adulte : c'est ce que j'appelle le cordon ombilical spirituel, c'est-à-dire : le cordon de l'amour.

• La voix douce qui m'incline à écouter le Christ, à suivre le Christ, à aimer le Christ et mes frères, c'est l'Esprit Saint !...Demandons l'Esprit Saint : afin que la souffrance ne nous empêche jamais d'écouter la voix du Seigneur et que la mort, ne nous empêche jamais de voir la Résurrection du Christ.

À Toi la gloire Ô Ressuscité
À Toi la victoire pour l'Eternité
(Chant d'origine protestante, musique A Gouzes)

DIEU EST PRESENT DANS MA SOUFFRANCE

Nous savons avec notre tête que Dieu est partout présent, qu'Il voit tout, entend tout !... Ce que nous ignorons avec notre coeur, c'est que Dieu est aussi présent quand nous souffrons et goûtons à l'amertume de cette vie. Nous pouvons crier avec Jésus à Gethsemani :
« Mon Dieu, mon Dieu, pourquoi m'as-Tu abandonné ? » (Marc 15, 34)

Mais si nous entrons dans la prière de Jésus, nous dirons après Lui :
« Que Ta Volonté soit faite, et non la mienne » (Matthieu 26, 42)

Nous sommes, comme Jésus, accablés par cette angoisse de la mort. Nous savons avec notre tête, les paroles de Jésus : **«Qui croit en Moi, même s'il meurt vivra»** (Jean 11, 25)

Mais dans la souffrance du deuil, notre coeur en bataille, en révolte ne peut entrer par la petite porte de l'humilité et de l'obéissance et accepter la Volonté de Dieu à travers l'épreuve. Jésus, de multiples fois a rassuré ses apôtres :

« Celui qui croit en Moi, passera de la mort à la vie » (Jean 8, 51)

La Vie où l'Adversaire ne peut plus rien faire !… C'est pourquoi Jésus insistera :
« Mes paroles sont Esprit et Vie » (Jean 6, 63)

Face au mur de la mort, toutes nos possibilités purement humaines s'avèrent inutiles. Il n'y a aucune consolation possible !... Il n'y a plus aucune philosophie qui puisse nous faire vivre... la vie devient absurde et il n'y a plus rien que le froid du tombeau où personne ne peut nous réconforter. Mais nous, chrétiens, nous savons par les apôtres et tous ceux qui ont vu Jésus après sa mort : qu'Il est Ressuscité et Vivant !… Le troisième jour, comme Il l'avait promis. La croix et son cortège de souffrances horribles n'ont été que le passage vers la Gloire de Dieu, le Royaume.

Nous avons besoin de Marie, femme toute simple, toute humble et douce pour nous donner la foi en Jésus : Sa foi en son Fils qui s'est levé d'entre les morts. Cette réalité impensable n'existait pas dans le vocabulaire hébraïque. En effet, le mot ressuscité n'existait pas, c'est pourquoi il est dit « Il s'est levé d'entre les morts ». D'ailleurs quand Jésus parle de sa mort et de sa résurrection, les apôtres ne comprennent pas. Marie, elle, a vécu tranquillement avec seulement la confiance toute simple, en les paroles de son Fils, qu'elle gardait en Son coeur. Elle a vécu par la foi depuis l'Annonciation jusqu'à la propre mort de son enfant bien-aimé à la croix et sa résurrection. Aucun homme n'est ressuscité par sa propre puissance. Aucun homme ne s'est levé d'entre les morts ! Le prophète Elisée, par une prière à Dieu, avait obtenu de ramener à la vie un jeune homme. Celui-ci, tout comme Lazare, devra mourir à cette vie pour ressusciter en Jésus et par Jésus ; Car Jésus, par sa croix, a sauvé tous les hommes : ceux qui ont vécu avant Lui, ceux qui vivront après Lui. Il est le Sauveur Parfait. Jésus est sorti du tombeau avec un corps glorieux conservant les traces de sa passion... et qui lui permettait aussi d'entrer dans une pièce close... Ce que l'oeil n'avait pas encore vu, la Vierge Marie l'a cru, parce que les paroles de son Fils sont Vraies !... Il dit et cela est. Il donne un ordre et cela arrive : « **Lazare viens dehors !...** » (Jean 11, 43)

Alors Marie nous conduit du Golgotha à la chambre haute :
• Pour accueillir le Feu de l'Esprit,
• Pour voir l'amour dont nous sommes aimés,
• Pour voir ce Coeur qui a tant aimé les hommes.

Avec Toi Vierge Marie
Avec Toi, Vierge Marie, au pied de la croix
Je pleure... La mort de mon enfant (dire le nom)
Je sais qu'en ton coeur de mère, je rencontre la compassion
De celle qui a pleuré la mort de son Fils Unique : Jésus
Ton coeur a été blessé, mais ta foi était inébranlable
Tu as continué à croire en la Vie plus forte que la mort,
En la résurrection, tandis que ton Fils mourait !...
Tu comprends mieux que quiconque ce deuil cruel
Qui me frappe. Ma douleur fait écho à Ta douleur !...
Donne-moi Ta force et ta foi, O Vierge Marie
Pour que je croie que Jésus est Ressuscité et Vivant,
Et que mon enfant est dans la Miséricorde Infinie de mon Dieu,
Car « **ni la mort, ni la vie, ni le présent, ni l'avenir…**
Rien ne pourra nous séparer de l'Amour de Dieu
Manifesté en Jésus Christ, notre Seigneur.» (Romains 8, 35)

« **Que mes yeux versent des larmes, nuit et jour, car la vierge, fille de mon peuple, est frappée d'un grand malheur, d'un coup très douloureux** » (Jérémie 14, 17)

« Personne n'a jamais souffert comme Marie, car personne n'a jamais été si uni qu'elle, à Jésus crucifié » (Dom Marmion) Plus on aime, plus on souffre ! Plus on aime, plus on est uni à celui qui souffre, car on le comprend de l'intérieur, sans mot, seulement par un regard. C'est le langage de la mère avec son enfant qui ne sait pas encore parler… La mère devine tout : ses besoins, ses maladies, ses paroles que tout son corps exprime. Une mère tout unie à son enfant, souffre de voir son enfant souffrir !... Marie, sans un mot, sans un cri, tout unie au plan d'amour de son Dieu, suit Jésus, jusqu'à la croix. Elle ne peut lui éviter ces tourments, ce crucifiement accepté par amour pour les hommes qu'IL aime...

La foi polonaise a mis sur les lèvres de la Vierge Marie ces paroles
Jésus mon enfant et mon Dieu
Comme ils t'ont traité durement !
Comme ils t'ont haï sans raison !
Comme ils t'ont rendu le mal pour le bien !
Pardonne-leur ce péché, car ils ne savent pas ce qu'ils font !
Vois mon coeur blessé tout uni au tien et tout abandonné au Père.
Que Sa Volonté de salut s'accomplisse et que vienne son Règne !»

Notre salut vient de l'amour qui unissait Jésus et Marie. Marie était cette offrande à la gloire du Père, dont parle la liturgie de la messe. Marie avait tout déposé au pied du Seigneur Marie était la servante, sans laquelle l'incarnation n'eut jamais lieu... En effet, Marie avait donné son enfant au temple. Marie savait qu'un glaive lui transpercerait le coeur; cependant elle continue à offrir son fils et à s'offrir elle-même, dans un échange d'amour intense. La souffrance de Marie était immense, mais heureusement que le Saint Esprit était avec elle, sinon, elle n'aurait pu être debout au pied de la croix, comme la femme forte de la Bible.

Le Saint Esprit n'enlève pas la croix, mais IL en enlève l'amertume, pour ne laisser couler que l'Amour !... L'Amour porte la croix et la croix porte l'Amour.

C'est l'amour qui donne un sens à la souffrance, à notre souffrance. Car l'amour est éternel : il traverse la mort !... Il subsiste à jamais !... Plus on aime, plus on est capable de comprendre le coeur de Dieu, qui n'est qu'amour et don.

CHAPITRE 7

COURBE COMME
EN DEUIL D'UNE MERE

Courbé comme en deuil d'une mère
(Psaume 35, 14)

Mon corps s'est replié sur ma souffrance !... Je ne puis plus me redresser vraiment, tant je me sens accablé. Je vais au cimetière... Ce m'est devenu une habitude, dont je ne peux pas me passer. Je parle à mon enfant... Je ne cesse de lui parler... Je veux écouter la voix de mon enfant, il me manque !... Oui, c'est vrai, la présence de mon enfant me manque !... Je suis dans la nuit de l'épreuve ! J'ai l'impression d'être au pied d'un très long mur. À droite comme à gauche, il n'en finit pas. Je peux taper avec mes poings contre ce mur, je ne le ferai pas s'écrouler !...

Je vous invite à lever les yeux vers le Seigneur : nous sommes toujours dans la nuit, nous ne voyons rien d'autre que le mur... Et pourtant par-delà ce mur : le bonheur nous attend ! Jésus a pénétré auparavant dans ce mur de la mort et Il a surgi Vivant du tombeau !...

• Est-ce que je crois que le jour va succéder à la nuit ?
• Est-ce que je crois qu'Il est Vivant, mon rédempteur ?
• Est-ce que je crois que la lumière du Seigneur brille de part et d'autre du mur, ici-bas pour ceux qui croient en Jésus et dans le Royaume où tout est paix et joie

Imaginons que nous nous mettions à cheval sur ce mur, un pied dans le Royaume où notre enfant est entré par la miséricorde de Jésus; un pied dans notre monde terrestre. C'est en vérité notre situation : nous sommes écartelés par la souffrance du départ de notre enfant et nous n'arrivons pas à vivre par la foi, dans la joie de la résurrection.

Après la mort de Jésus, les disciples étaient comme nous :
« Le soir de ce même jour qui était le premier de la semaine, alors que, par crainte des juifs, les portes de la maison, où se trouvaient les disciples, étaient verrouillées, Jésus vint, Il se tint au milieu d'eux et leur dit : « La paix soit avec vous ». Tout en parlant, Il leur montra ses mains et son côté. En voyant le Seigneur, les disciples furent tous à la joie » (Jean 20, 19-20)

Les disciples avaient peur des juifs. Ils avaient verrouillé les portes. Nous aussi, nous nous sommes repliés sur notre peur, notre souffrance et nous avons verrouillé la porte de notre coeur. Nous sommes tellement blessés !... Nous craignons de l'être davantage et nous vivons courbés sous le poids de notre deuil.

« Jésus vint. Il se tint au milieu d'eux et leur dit : « la paix soit avec vous »

Jésus vient encore au milieu de nous et nous dit aussi « la paix soit avec vous » à chaque messe. Jésus est là, bien Vivant.

« Tout en parlant, Il leur montra ses mains et son côté » En voyant le Seigneur, les disciples furent tout à la joie »

Pour nous aussi, la joie vient de Sa Présence qui transforme la mort en vie… Notre joie vient de la contemplation, par la foi des plaies du Seigneur… Du prix qu'Il a payé pour que nous ayons la vie éternelle !... Seule la Présence du Seigneur viendra nous redresser, nous qui étions courbés par la souffrance du deuil, et nous donner la paix et la joie : c'est pourquoi Jésus dit :
« Bienheureux ceux qui croient sans avoir vu » (Luc 20, 29)

Et qu'est-ce que croire ? Sinon décider avec toute ma volonté de faire confiance à ceux :
• Qui ont vécu avec Jésus,
• Qui ont vu Jésus ressuscité et
• Qui ont proclamé leur foi au prix de leur vie.

Tout doucement au lieu de vivre courbé sous l'accablement du deuil, je vous invite à relever la tête pour voir, dans la foi, Jésus présent au milieu de nous, comme au milieu de ses disciples :
• Présent par Sa Parole,
• Présent par Son Corps adorable dans l'Eucharistie,
• Présent par son Esprit Saint

Je vous invite à écouter le Saint Esprit au lieu de la voix de votre enfant. Voilà la conversion !
Je vous invite à parler à Jésus de votre enfant et non plus à parler à votre enfant. Je vous invite à rendre grâce pour votre enfant « unique à vos yeux et aux yeux de Dieu » et pour toutes ses qualités, pour l'affection qu'il a donnée autour de lui, pour la joie de sa présence dans votre famille... Vous allez bénir le Seigneur pour tout ce

qu'a été votre enfant. Vous allez bénir le Seigneur pour tout ce qu'Il est maintenant pour Lui ! Oui, Dieu m'aime et aime mon enfant :« **La preuve que Dieu nous aime, Il nous a envoyé son (propre) Fils !** » (1 Jean 4, 10)

C'est « **par Lui, avec Lui et en Lui** » que j'entrerai dans le Saint Lieu où tous ensemble, avec mon enfant, nous allons reconnaître dans une même louange, dans une claire vision, l'Amour du Père, du Fils et du Saint Esprit…. Pour une Eternité de Joie !... Le temps qui me sépare de cet instant bienheureux est le temps de mon séjour sur la terre, mais dès maintenant, je peux entrer dans la louange céleste !... Où il n'y aura plus ni deuil, ni larmes ! Dieu l'a promis. (Isaïe 61,3 et Apocalypse 21,4) Oui le bonheur pour moi, aujourd'hui, est de mettre ma confiance en Jésus, vainqueur de la mort, de louer Dieu qui vient au secours de ses enfants. Je proclame ma foi et j'accueille la Paix de la Présence de Jésus qui a dit : « **Si deux ou trois sont assemblés en mon Nom, JE suis au milieu d'eux** » (Matthieu 18, 20)

Aujourd'hui, Jésus est avec nous, comme Il s'est montré vivant au milieu de ses disciples.
- Aujourd'hui, je peux accueillir la paix de Jésus.
- Aujourd'hui je vais faire un acte de confiance en levant les yeux vers Dieu vivant, au lieu de les baisser en regardant le passé.
- Aujourd'hui Jésus veut me donner sa paix et guérir mon coeur meurtri.

Ce sera sans doute difficile pour moi de changer mon comportement, mais avec l'aide de Dieu, je peux tout. : « **Je peux tout en Celui qui me fortifie** » dit saint Paul

PRIÈRE

Mon Père, Toi qui as envoyé ton Fils Jésus pour que nous passions de la mort à la vie. Sois béni !

Mon Père, Toi qui m'accueilles toujours en m'ouvrant les bras. Sois béni !

Mon Père, Toi qui sais ce qu'est la vie et le bonheur. Sois béni !

CHAPITRE 8

QUI ME TIRERA
DE MA DETRESSE ?

Dans ta détresse, tu as crié, Je t'ai sauvé
(Psaume 81, 8)

QUI ME FERA GOUTER LE BON HEUR, A PRESENT ?

Je dis chaque dimanche :
Je crois
- En un Seul Dieu, le Père Tout Puissant
- Créateur du ciel et de la terre
- Et en Jésus Christ son Fils unique, notre Seigneur
- Qui a été conçu du Saint Esprit
- Est né de la Vierge Marie,
- À souffert sous Ponce Pilate
- A été crucifié, est mort et a été enseveli,
- Est descendu aux enfers
- Le troisième jour est ressuscité des morts
- Est monté aux Cieux
- Est assis à la droite de Dieu, le Père Tout Puissant
- D'où Il viendra juger les vivants et les morts.

Je crois
- En l'Esprit Saint
- À la Sainte Eglise catholique
- À la communion des saints
- À la rémission des péchés
- À la résurrection de la chair,
- À la vie éternelle. Amen

Je proclame ta Présence, Ô Christ Ressuscité, mais je vis dans l'angoisse de la mort.

Je proclame que je croie en l'Esprit Saint qui donne Vie, et je vis en présence de celui que je pleure et non, en Ta Présence, Seigneur.

Je proclame que tes Paroles font ce qu'elles disent, car Tu es le Tout Puissant en amour et je vais sans cesse rechercher la compassion des hommes, la consolation au cimetière où le marbre inanimé me renvoie à ma souffrance, à mon deuil.

Je dis que je cherche la consolation de Dieu, mais en réalité je ne cherche pas le Dieu des Consolations…

PRIERE

Seigneur, vois la faiblesse de ma foi. Dans Ta grande Bonté, donne-moi la force de chercher Ta Présence là où Tu résides dans le fond de mon coeur ou dans le tabernacle.

Seigneur, vois ma solitude depuis la mort de mon enfant. Chaque être est unique à tes yeux, chaque enfant est irremplaçable.

Seigneur, Je souffre de l'absence de mon enfant. Donne-moi la force d'aller à la messe au lieu d'aller au cimetière. Donne-moi de chercher à Te parler, plutôt que de parler à mon enfant. Donne-moi la grâce de rechercher Ta Présence, au lieu de rechercher la présence de mon enfant qui est entre tes bras de Miséricorde.

Seigneur, Je crie vers Toi mon Dieu, écoute et sois mon secours Toi qui connais ma misère et mon angoisse, mes larmes coulent et je ne puis les arrêter. Guéris mon coeur meurtri, Toi seul peux changer la mort en vie. Toi seul peux changer mes larmes en cris de joie.

Seigneur, Tu as dit que « **Tu changeras mon deuil en une danse**» mais « **ma vie se consume en affliction et mes années en soupirs** » (Ps 31,11). Viens Seigneur, Dieu de tendresse et pitié.

PAROLE DE DIEU

C'est moi, Je suis celui qui vous console, tu oublies le Seigneur, ton Créateur qui a tendu les cieux et fondé la terre, Je Suis le Seigneur ton Dieu qui brasse la mer pour faire mugir ses flots et dont le nom est le Seigneur Tout Puissant. (Isaïe 51, 12 suivant)

JE RENONCE

Chaque renoncement est un trésor pour le Seigneur. Chaque renoncement accepté et voulu est un acte d'amour caché, car il est confiance en Dieu. Dans la vie, sans le vouloir, nous sommes obligés de faire des renoncements pour grandir :

- Le bébé doit renoncer à son confort du ventre maternel pour affronter le jour, le froid, la faim, et la dépendance.
- L'enfant doit renoncer à se comporter en bébé et devenir propre et indépendant.
- Puis l'adolescent doit renoncer à agir comme un petit enfant. Si cette adolescence est un temps agréable, il peut y avoir la non envie de devenir adulte et responsable à part entière de soi-même. On appelle cela le complexe de « Peter Pan ». Souvent le passage de l'état adolescent à l'état adulte suscite des peurs, des crises qui durent plus ou moins longtemps.
- L'adulte aussi devra renoncer à certaines aspirations légitimes, car il va se heurter à des personnes blessées comme lui.

- De plus, après la maturité de la vie, il devra renoncer à être plein de forces physiques pour entrer dans la vieillesse avant de faire le dernier renoncement à sa propre vie terrestre pour accéder à la vie promise par le Seigneur Jésus lui-même, qui a franchi toutes les étapes sauf celle de la vieillesse.

Il faut « se renoncer » pour entrer dans un autre état de vie, renoncer à recevoir de l'amour pour entrer dans le don de soi.

Jésus, en plus de tous les renoncements que doit faire un homme pour vivre selon la volonté du Père, a dû faire le grand renoncement primordial :
« Lui qui de condition divine, n'a pas considéré comme une proie à saisir d'être l'égal de Dieu, mais Il s'est dépouillé prenant la condition de serviteur, devenant semblable aux hommes et reconnu à son aspect comme un homme, Il s'est abaisse devenant obéissant jusqu'à la mort et la mort sur une croix. » (Philippiens 2, 6-9)

Dieu s'est abaissé jusqu'à nous en Jésus Christ. Nous aussi, nous devons renoncer, comme Lui, par amour, pour grandir en Lui. Mais la peur peut nous paralyser et nous empêcher de grandir en Dieu ! Saint Jean Baptiste dit lui-même :

« Il faut que Lui grandisse et que moi je diminue » (Jean 3, 30)

La souffrance nous replie sur nous-mêmes et nous fige en une attitude, un comportement faussé. Si je vis courbé, je ne pourrai plus me redresser par mes propres forces. Seul l'Esprit Saint redresse ce qui est courbé. Mais il nous faut accepter ensuite d'avoir un nouveau comportement. Seul l'Esprit Saint Consolateur va réorienter notre vie : car Il va nous révéler le coeur du Père et le coeur du Fils. Dieu est Amour, Il ne sait que donner et se donner. Dieu ne sait pas reprendre après avoir donné, car son Amour est diffusif, il va à toutes ses oeuvres, à tous ses enfants, avec la même abondance. Dieu se met à ma portée, pour que j'aille jusqu'à Lui, la Vie. Jésus dit à Marthe, avant de ressusciter son frère Lazare :

« JE Suis la Résurrection et la Vie, celui qui croit en Moi, même s'il meurt, vivra et quiconque vit et croit en Moi, ne mourra jamais. (Jean 11, 25)

Notre premier renoncement sera le premier pas de notre conversion : c'est-à-dire que nous allons nous tourner vers la Vie, vers la Résurrection, vers le Christ, au lieu de nous tourner vers la mort, le désespoir, la tristesse et le deuil. Il nous faut faire un choix :

- Ou bien je me tourne totalement vers mon Sauveur Jésus, qui me donnera l'Esprit Consolateur en abondance,
- Ou bien je me détourne de lui et je vais continuer à être rempli de ma tristesse, de mon deuil.

SEUL L'AMOUR CONSOLE ET GUERIT

Plus je vais renoncer à mon faux comportement, plus je donne à Dieu, plus Il pourra me combler selon son Coeur. Alors avec la Vierge Marie, qui me conduit de la croix à la chambre Haute pour accueillir le Feu de la Pentecôte, demandons au Seigneur de nous révéler son Coeur qui a tant aimé les hommes et qui n'en reçoit qu'indifférences, ingratitudes, injures et coups, plaies et mort...

Chant

Sois loué Ô mon Seigneur
Qui a voulu vivre notre mort pour qu'à travers ta propre mort, nous ayons la Vie !
Sois loué Ô mon Seigneur pour avoir accepté la volonté du Père sur toi et pour avoir renoncé à Ta grandeur, à Ta Puissance pour souffrir et mourir comme un homme !
(K.Mayhew) adaptation B.Garric

La vie, oui, la Vie, c'est le don de Jésus
Alors, dit Jésus, mon Nom sera connu
La vie, oui la vie, c'est le don de Jésus
(Chant du Renouveau)

SEQUENCE AU SAINT ESPRIT
(Version originale)

Venez Ô Esprit Saint
Envoyez du haut du ciel un rayon de votre lumière,
Venez pères des pauvres
Venez distributeur de tous dons
Venez lumière des coeurs
Consolateur suprême,
Hôte suave de l'âme
Réconfort plein de douceur
Repos dans le labeur;
Abri dans les ardeurs brûlantes
Consolation dans les larmes
Ô Lumière toute Bienheureuse
Remplissez jusqu'au plus intime le coeur de vos fidèles
Sans votre secours,
Il n'est rien en l'homme qui soit innocent
Lavez nos souillures.
Arrosez nos sécheresses
Guérissez nos blessures
Assouplissez nos raideurs,
Réchauffez nos froideurs
Redressez nos pas qui s'égarent

Donnez à vos fidèles, qui en Vous se confient les Sept dons sacrés
Donnez-leur le mérite de la vertu, une fin heureuse
Donnez-leur l'éternelle joie.
Amen ! Alléluia !

CHAPITRE 9

LA GRACE DES GRACES
C'EST LE ROYAUME

Dieu n'a pas fait la mort, Il a tout créé pour l'être
(Sagesse 1, 13-14)

DIEU N'A PAS FAIT LA MORT

Jésus redira que : « **Satan est homicide depuis le commencement** » (Jean 8, 44) et qu'il est le père du mensonge. Tandis que Dieu est Créateur hier, aujourd'hui et demain. Sa sagesse est admirable :

« **Elle pénètre à travers tous les esprits... Elle est en effet, un effluve de la Puissance de Dieu Une émanation toute pure de la gloire du Tout Puissant... Un reflet de la lumière éternelle, un miroir sans tâche de l'activité de Dieu, Une image de sa Bonté... Elle renouvelle l'univers...** » (Sagesse 7, 23 et suivants)

Le Seigneur crée et fait tout pour l'homme. Il a envoyé son Fils Jésus, pour que :
« **Nous qui étions morts, par suite de nos fautes, Il (le Père) nous a fait revivre**

avec le Christ ; c'est par grâce que nous sommes sauvés, avec Lui, Il nous a ressuscité et fait asseoir aux Cieux, dans le Christ Jésus » (Ephésiens 2,4)

Dieu nous a créés pour le bonheur et nous goûtons la tristesse de la séparation, de la mort. Je lève alors les yeux vers le Seigneur Créateur et Sauveur : *Seigneur entend la voix de ma prière, quand je crie vers Toi. Écoute la voix de mon coeur brisé. Que ton oreille soit attentive au cri de ma prière !*

PSAUME 121
Je lève les yeux vers les monts, d'où viendra mon secours?
Le secours me vient du Seigneur qui a fait le ciel et la terre.
(Psaume 121, 1-2)

Quand nous lisons dans l'Apocalypse que Dieu viendra sécher nos larmes, nous pouvons dire « c'est trop beau ». En effet, c'est très beau de voir un Dieu si Grand, si Puissant qui se penche ainsi vers moi pour me consoler. C'est tout juste s'Il ne demande pas pardon pour la grande souffrance que ce deuil nous a imposé !...

- Oui le Père Tout Puissant a envoyé son Fils pour que par Lui, j'aie la vie éternelle.
- Oui, Jésus a souffert sa passion atroce, comme un bandit, Lui qui n'avait pas commis de péché, Lui le Saint, le Pur.
- Oui, Il a accepté par amour pour moi toutes ces souffrances de la croix.
- Oui, le Sauveur Parfait, c'est Jésus, Fils du Père.

Comment nous revêtir de sa victoire sur la mort ? Si ce n'est en accueillant de tout notre coeur, notre défenseur, notre avocat : l'Esprit Saint :
- Celui qui parle par les prophètes,

- Celui qui rendra la vie à nos corps mortels : au corps de notre enfant, et aux nôtres;
- Celui qui crée aujourd'hui la vie en nous;
- Celui qui seul peut donner la paix et la joie dans l'épreuve. En effet, le Seigneur écoute toute prière qui jaillit de notre coeur.

PSAUME 103

Bénis le Seigneur, O mon âme

Que tout mon coeur bénisse son Saint Nom

Bénis le Seigneur, Ô mon âme

Et n'oublie aucune de ses largesses !

C'est lui qui pardonne entièrement ta faute

Et guérit tous tes maux

Il réclame ta vie à la fosse et

Te couronne de fidélité et de tendresse …

Le Seigneur est miséricordieux et bienveillant …

… Comme un père est tendre pour ses enfants

Le Seigneur est tendre pour ceux qui Le craignent

Il sait bien de quelle pâte, nous sommes faits

Il se souvient que nous sommes poussière…

PAROLE DE DIEU

« À son arrivée, Jésus trouva Lazare dans le tombeau depuis quatre jours déjà. Béthanie était près de Jérusalem, distant d'environ quinze stades, et beaucoup de juifs étaient venus auprès de Marthe et de Marie pour les consoler au sujet de leur frère. Quand Marthe apprit que Jésus arrivait, elle alla à sa rencontre, tandis que Marie restait assise à la maison. Marthe dit à Jésus : « Seigneur, si tu avais été là, mon frère ne serait pas mort. Mais maintenant encore, je sais que tout ce que Tu demanderas à Dieu, Dieu te l'accordera ». Jésus lui dit : «

ton frère ressuscitera ». « Je sais, dit Marthe, qu'il ressuscitera au dernier jour » Jésus lui dit :

« JE Suis La Résurrection et la Vie . Qui croit en Moi, même s'il meurt, vivra et quiconque vit et croit en Moi ne mourra jamais. Le crois-tu ?

Elle lui dit « oui, Seigneur, je crois que Tu es le Christ, le Fils de Dieu qui vient dans le monde » Ayant dit cela, elle s'en alla appeler sa soeur Marie, lui disant en secret « le maître est là, et Il t'appelle. » Celle-ci, à cette nouvelle, se leva bien vite et alla vers Lui. Jésus n'était pas encore arrivé au village, mais Il se trouvait toujours à l'endroit où Marthe était venue à sa rencontre. Quand les juifs, qui étaient avec Marie dans la maison et la consolaient, la virent se lever bien vite et sortir, ils la suivirent, pensant qu'elle allait au tombeau pour y pleurer. Arrivée là où était Jésus, Marie, en Le voyant, tomba à ses pieds et Lui dit « Seigneur, si Tu avais été ici, mon frère ne serait pas mort » Lorsqu'Il la vit pleurer et pleurer aussi les juifs qui l'avaient accompagnée, Jésus frémit en son esprit et se troubla. Il dit : « où l'avez-vous mis ? » Ils lui dirent « Seigneur, viens et vois. » Jésus pleura. Les juifs dirent alors « voyez comme Il l'aimait ! » Mais quelques uns d'entre eux dirent : « ne pouvait-Il pas, Lui qui a ouvert les yeux de l'aveugle, faire aussi que celui-ci ne mourût pas ? » Alors Jésus frémissant à nouveau en lui-même, se rend au tombeau. C'était une grotte, avec une pierre placée par-dessus. Jésus dit « enlevez la pierre ». Marthe, la soeur du mort, lui dit « Seigneur, il sent déjà : c'est le quatrième jour » Jésus lui dit :

Ne t'ai-JE pas dit, que si tu crois, tu verras la Gloire de Dieu ?

On enleva donc la pierre. Jésus leva les yeux en haut et dit : Père, Je te rends grâce de m'avoir écouté. Je savais que Tu m'écoutes toujours, mais c'est à cause de la foule qui m'entoure que j'ai parlé, afin qu'ils croient que Tu m'as envoyé » Cela dit, Il s'écria d'une voix forte : *« Lazare, viens dehors ! »* **Le mort sortit, les pieds et les mains liés de bandelettes, et son visage était enveloppé d'un suaire. Jésus leur dit : « déliez-le et laissez-le aller. »** (Jean 11,17-43)

Quand nous lisons, dans l'Evangile de Saint Jean, la résurrection de Lazare, nous pouvons écouter ce récit comme une histoire invraisemblable ou bien, par la confiance en Jésus, recevoir cette histoire comme une réalité qui a changé la vie de Marthe et Marie et bien entendu, de Lazare, lui-même. Nous pouvons relire ce passage en mettant à la place de Lazare, le nom de celui ou de celle que nous pleurons ! Et nous sommes comme Marthe en train de dire à Jésus : « Mais regarde, il est bien mort, il sent déjà !... Regarde !...Il n'est plus avec moi, mais dans son tombeau ! » Marthe et moi, sommes devant la même réalité depuis le commencement : « **la mort est entrée dans le monde, par la jalousie du diable** » ! (Sagesse 2, 24) C'est un fait que nous avons du mal à voir en face, car les larmes remontent chaque fois que nous y pensons !... Mais nous oublions que Jésus est venu pour nous donner la vie en abondance !

« **Qu'il est venu justement pour détruire les oeuvres du diable !** » (La mort, en dernier) (1 Jean 3, 8)

Jésus dira à ses apôtres avant Sa propre mort : « **Gardez courage, j'ai vaincu le monde !...** »

Mais sa première réaction devant ce drame est de pleurer son ami Lazare !... Pour Lui, comme pour nous, la souffrance du deuil existe !... L'amour s'écoule en pleurs !... Mais à Marthe qui espère en la résurrection au dernier Jour. Jésus dira :

« **Je suis la Résurrection et la Vie.** »

Et, dans la confiance en son Père, Il invite Marthe à faire un pur acte de foi :
« **Ne t'ai-je pas dit, que si tu crois, tu verras la Gloire de Dieu ?** »

La grandeur de l'oeuvre de Dieu s'appuie sur notre foi en Sa Puissance ! Jésus dans un acte filial remercie son Père de Sa Bonté pour les hommes qu'Il aime !... La Parole de Dieu crée la vie, dans le même acte qu'au commencement des temps... Alors, Jésus, vrai Fils de Dieu, s'écrie : « **Lazare, viens dehors !**»

C'est la Puissance d'Amour qui se déploie en l'homme mort et ficelé par ses bandelettes. À la Parole de Dieu, il s'élance hors de son tombeau !... Notre enfant, notre maman, notre père, notre mère, notre époux(se), tous, à la Parole de Dieu, nous nous élancerons hors du tombeau comme Lazare à la Parole de Jésus !... Jésus, par sa propre mort et Sa Résurrection, nous a montré l'Unique Chemin de Vie Eternelle ! Que soit béni notre Dieu !

CHAPITRE 10

TROUVER DANS MA VIE TA PRESENCE

Tu seras dans la joie devant le Seigneur, ton Dieu
(Deutéronome 27, 7)

Entrons dans la Présence de Dieu par ce chant de Jean Claude Gianadda :

Trouver dans ma vie Ta Présence
Tenir une lampe allumée
Choisir avec Toi, la confiance
Aimer et se savoir aimé...

Le grand bonheur sur terre et dans le Ciel : c'est vivre en Présence de Dieu. La mort nous découvre le Seigneur dans sa Justice, sa Lumière, son Amour. Avant on voyait avec les yeux de la foi cette Présence de Dieu parmi nous. Après avoir franchi la porte, nous entrons dans la Présence de Dieu sans voile. En franchissant la porte, nous pourrions dire comme avant d'aller communier : « *Seigneur je ne suis pas digne de Te recevoir mais dis une seule parole et je serai guéri.* »

Seigneur je ne suis pas digne d'être accueilli par Toi, mais, je viens vers Toi, car Tu es mon Père. Nous pouvons aussi chanter la Présence de Dieu avec le psaume 16, 8-11

Je garde sans cesse le Seigneur devant moi
Comme Il est à ma droite, je suis inébranlable aussi,
Mon coeur se réjouit, mon âme exulte
Et ma chair demeure en sûreté
Car Tu ne m'abandonnes pas aux enfers
Tu ne laisses pas ton fidèle voir la fosse
Tu me fais connaître la route de ta vie
Ta joie abonde près de ta face
À Ta droite, les délices éternelles

Avec Jésus, nous découvrons plus intimement la Présence de Dieu. Chaque messe est un mystère d'amour et de salut, par la Présence du Corps et du Sang de Jésus. Ce mystère nous est livré dans les actes des apôtres (2,23-28) :

« **Cet homme (Jésus) selon le plan bien arrêté par Dieu dans Sa Prescience, vous l'avez livré et supprimé en le faisant crucifier par la main des impies; mais Dieu l'a Ressuscité, en le délivrant des douleurs de la mort, car, il n'était pas possible que la mort Le retienne en son pouvoir. David en effet dit de Lui : « Je voyais constamment Seigneur devant moi, car Il est à ma droite pour que je ne sois pas ébranlé, aussi mon coeur était-il dans la joie et ma langue a chanté d'allégresse bien mieux ma chair reposera dans l'espérance, car Tu n'abandonneras pas ma vie au séjour des morts et Tu ne laisseras pas ton Saint connaître la décomposition. Tu m'as montré les chemins de la Vie. Tu me rempliras de joie par Ta Présence.** » (Actes 2,23-28)

La Présence de Dieu remplit le coeur de joie. Oui, la joie abonde près de la Face de Dieu. C'est Lui le Seigneur qui a transformé la mort en Vie !... C'est Lui qui fait passer de ce monde à l'autre. C'est Lui qui a accueilli notre enfant... Son enfant... Vivre en présence constante de notre enfant ne nous remplit pas le coeur de joie, car nous savons bien que cette présence est aussi « absence », c'est-à-dire : souffrance, déchirement !…

- Vivre en présence de notre enfant, c'est oublier que la vie vient de Dieu et que notre enfant est dans les mains de Dieu : qu'il ne vit éternellement que par l'Amour de son Sauveur.
- Vivre en présence de notre enfant : c'est oublier de rendre grâce à Dieu de qui nous vient tout bien. Notre vie est alors mal ajustée, et la joie de la Présence de Dieu est absente. Alors que si nous replaçons dans tes bras de Père, notre enfant, nous recevons cette joie débordante de la Résurrection de Jésus.

Mais par la grâce et la prière, il nous faut franchir, après le déni, la protestation, la tristesse, les dernières étapes du deuil, qui sont :
- La peur
- Le marchandage au niveau émotionnel et spirituel pour arriver comme la Vierge Marie à offrir notre enfant
- L'acceptation de l'épreuve
- Le pardon des souffrances endurées en se remettant entre les bras du Père.
- Et comment passer ces dernières étapes avant l'offrande et la nouvelle attache au Seigneur, l'Agneau Vainqueur du mal.

LA 4e ETAPE : LA PEUR

Il faut savoir que la peur est normale, quand elle est une réaction à un événement.

Mais la peur d'avancer dans le chemin du deuil est un frein à l'accueil de la grâce. Qui a intérêt à nous empêcher de faire confiance au Christ, sinon « **le malin qui est « homicide depuis le commencement**» (Jean 8, 44) nous dit Jésus. C'est pourquoi, Jésus répète très souvent à ses disciples : «**N'ayez pas peur, ne craignez pas, vous croyez en Dieu, croyez aussi en Moi** » (Jean 14, 1)

Nous sommes invités à relever la tête pour nous tourner vers Jésus qui dit :
« **Je Suis le chemin, la Vérité et la Vie.** » (Jean 14, 6)
« **Je Suis la Résurrection et la Vie ; qui croit en moi, même s'il meurt, vivra.** (Jean 11, 25)

C'est cette Résurrection et cette Vie dont nous pouvons nous emparer dans la foi, sachant que ce que le Seigneur Jésus dit, Il le fait :
« **Le ciel et la terre passeront, Mes Paroles ne passeront pas** » (Marc 13, 31)

Dans la foi en Jésus, échangeons notre peur contre Sa Force. Décidons-nous à vivre avec Lui, en Lui, et par Lui : c'est le bonheur ici-bas et dans le Royaume. Décidons-nous à faire cette courte prière : je veux vivre en Ta Présence, Seigneur maintenant et toujours. Rien ne peut se faire sans notre concours. Tout peut se faire dans la grâce du Seigneur. Souvenons-nous qu'Il est venu sur notre terre pour cela.

Moi, Je suis venu pour que les hommes aient la vie et qu'ils l'aient en abondance (Jean 10, 10)

C'est le sens de la parabole de l'enfant prodigue.
« **Car mon fils que voilà était mort et il est revenu à la vie** (Luc 15, 24)

VIVRE DANS LA PRESENCE DE DIEU

- C'est vivre de Sa Vie, de Son Esprit Saint qui est Consolateur. Il nous fait participer à la Tendresse du Père pour ses fils et à l'amour livré de Jésus sur la croix.
- C'est accepter le dépouillement d'une vie relationnelle avec ce que nous croyons être notre enfant (maintenant) ou ce qu'il a été pour nous.
- C'est transposer notre relation avec notre enfant mort, avec Celui qui Vit et fait vivre les êtres visibles et invisibles parce qu'Il est Créateur, maintenant.
- C'est passer de la mort à la Vie; de la tristesse du tombeau, à la résurrection.

Je vous invite à ne plus écouter ce qui, peut vous sembler être la voix de votre fils ou votre fille, ses conseils, car cela peut vous amener à des difficultés psychologiques ou encore plus graves à des pratiques occultes que le Seigneur déteste et a « en abomination » La pente est savonneuse, attention ! N'écoutons que la voix de Jésus, qui est douce, mais exigeante pour notre Bonheur.

LA 5EME ETAPE DU DEUIL : LE MARCHANDAGE

Marchandage avec Dieu : Tu m'as « pris » mon enfant !... C'est Toi qui est responsable, Toi qui est Tout Puissant. C'est injuste... j'ai droit au bonheur comme les autres !... Ton monde est loupé, puisque la mort existe... Si j'étais à ta place, j'aurai évité ce désastre... Dieu doit donc se manifester, puisqu'il est responsable et nous donner en échange de la vie de notre enfant : un certain bonheur !...

Le marchandage existe au niveau psychologique : j'exige qu'en raison de ce deuil terrible : les autres viennent à moi pour me consoler. Ils me doivent bien cela, car ma peine est immense. Tu le vois, personne ne s'occupe de moi !... Mais les autres sont comme nous, tout aussi dépourvus contre la dureté de la mort et sont bien souvent sans voix devant un tel drame. C'est pourquoi, j'en ai fait l'expérience, ils se détournent et nous évitent !... C'est à nous de comprendre leur comportement qui est une simple réaction devant cette fin incompréhensible, irrémédiable... Si nous vivons en présence de notre enfant, nous allons être conduits à regarder des photos, qui loin de susciter une louange à Dieu, pour notre enfant, va être un coup de couteau dans notre blessure qui ne peut se refermer. Je connais une femme qui chaque soir, regarde les photos de son fils. Cela fait une douzaine d'années, qu'elle vit ainsi et refuse de changer. La tristesse s'est installée, sa santé se dégrade et bien que chrétienne, elle ne peut accueillir l'Esprit Consolateur. Ceux qui vivent ainsi en regardant des photos, en allant très souvent au cimetière, en refaisant la chambre à coucher de leur enfant ou de leur maman comme elle était au moment de leur mort, ont figé le temps. Ils vivent dans le passé. Or le passé n'existe plus; abandonnons-le à la grâce de Dieu. Vivons dans le présent donc dans la Présence de Dieu : écoutons, le Seigneur dit : « **ne vous souvenez plus d'autrefois, ne songez plus au passé. Voici que Je fais un monde nouveau, il germe déjà, ne le voyez-vous pas ?** (Isaïe 43, 18-19)

Saint Paul nous redira : « **Une seule chose compte, oubliant ce qui est en arrière, et lancé vers l'avant, je cours vers le but pour remporter le prix auquel Dieu nous appelle là-haut dans le Christ Jésus** » (Philippiens 3, 14)

Il ne s'agit pas pour nous d'oublier notre enfant, mais de vivre dans le présent que Dieu nous accorde, afin de « **Connaître le Christ, d'éprouver la Puissance de Sa Résurrection et de communier aux souffrances de sa Passion, en devenant semblable à Lui dans sa mort dans l'espoir de parvenir, moi aussi, à ressusciter d'entre les morts** » (Philippiens 3, 10-11)

Devenir semblable au Seigneur dans Sa mort veut dire : renoncer par amour à tout ce qui n'est pas dans la volonté de Dieu sur nous. Cela demande la force de l'Esprit Saint, car de nous-mêmes, nous sommes portés à rester sur le bord de la route, repliés sur notre douleur. Mais sachons que là encore, le Seigneur est à côté de nous, pour nous faire entrevoir sa Présence :

« **Gardez courage, J'ai vaincu le monde** » (Jean 16, 33)

N'oublions jamais que tout est grâce et tout vient de Dieu !... C'est pourquoi, demandons les uns pour les autres cette grâce d'accueillir dans toute notre vie : l'Esprit Saint.

ESPRIT DE SAINTETE
Esprit de Sainteté, viens combler nos coeurs
Tout au fond de nos vies, réveille ta Puissance
Esprit de Sainteté, viens combler nos coeurs
Chaque jour, fais de nous des témoins du Seigneur
Tu es la Lumière qui vient nous éclairer
Le Libérateur qui vient nous délivrer
Le Consolateur, Esprit de Vérité
En Toi l'espérance et la fidélité.

CHAPITRE 11

MON ENFANT EST TON ENFANT BIEN AIME

En mon coeur, quel émoi pour lui,
Je l'aime, oui, Je l'aime.
(Jérémie 31,20)

Mon enfant a été baptisé en Ton Nom Seigneur. C'est l'Esprit Saint qui a fait de lui, un enfant bien aimé, un enfant adoptif, un héritier de Dieu, un co-héritier avec le Christ... Dans cette confiance de l'enfant vers son Père, je peux moi aussi dire :

Notre Père, qui es aux Cieux
Que Ton Nom soit sanctifié
Que ton règne vienne
Que Ta Volonté soit faite sur la terre comme au ciel
Donne-nous aujourd'hui notre pain de ce jour
Pardonne-nous nos offenses
Comme nous pardonnons aussi à ceux qui nous ont offensés.
Ne nous laisse pas entrer en tentation
Mais délivre-nous du mal. Amen

Nous connaissons Dieu comme Père, grâce à Jésus qui nous fait prier ainsi !... En nous adressant à « Notre Père » dans la simplicité d'un enfant, nous replaçons notre propre enfant dans l'amour du Père, qui nous l'a donné. En effet, notre enfant est un don gratuit de l'Amour qui donne Vie. Notre enfant nous fait découvrir la vie qui prend racine dans le sein maternel, dans l'utérus, cet organe qui est son premier berceau.

Dieu est aussi Mère au plus profond de lui-même : Il le dit par la bouche d'Isaïe lorsqu'il se penche sur son enfant chéri :
« La femme oublie-t-elle son nourrisson, oublie-t-elle de montrer sa tendresse à l'enfant de sa chair, même si celles-ci oubliaient, Moi, Je ne t'oublierai pas. Voici que sur mes paumes, Je t'ai gravée. » (Isaïe 49, 15-16)

Les entrailles de Mère de notre Dieu sont explicites dans le mot « **Miséricorde** » dont le mot hébreu « rahamin » a pour racine le mot : « utérus »... C'est la Miséricorde de notre Dieu, son Amour Infini qui se penche vers notre enfant, vers nous qui le pleurons. Cet Amour inaltérable vient du plus profond de Son coeur de Dieu. Nous pouvons dire « Dieu est Amour » et redire que la Miséricorde coule de ses « entrailles » car notre enfant et nous-mêmes sommes inscrits dans la chair même du Christ, dans le Coeur du Père...

« Nations, écoutez la Parole du Seigneur. Je change leur deuil en joie, je les réconforte, Je fais s'épanouir, les affligés... Mon peuple se rassasie de mes biens. » (Jérémie 31, 13)

Lorsque nous prenons conscience sous l'action de l'Esprit Saint, que nous sommes enfants du Père, fils adoptifs de Dieu, nous pouvons entendre le Seigneur dire à Ephraïm qui est plein de repentir et qui se lamente : « Ephraïm est-il pour moi un fils chéri, un enfant qui fait mes délices ? »

« Chaque fois que J'en parle, Je dois encore et encore prononcer son nom et en mon coeur, quel émoi pour lui. Je l'aime, oui, Je l'aime. » Parole du Seigneur. (Jérémie 31, 20)

Le coeur de Dieu se révèle ainsi : Je l'aime, oui, Je l'aime… Par pure grâce, par pur Amour, Jésus acceptera de se laisser clouer sur une croix comme un malfaiteur, pour avoir la joie d'accueillir mon enfant, son enfant et moi-même qui le pleure aujourd'hui !... Oui, le Seigneur veut nous délivrer de la tristesse du deuil. Oui, Il veut me faire entrer par « pure grâce » dans Sa Joie, qui n'est pas exubérance, mais joie inaltérable dans l'épreuve, car certitude d'être aimé de Dieu. Quand on se sait « aimé », plus rien ne peut nous atteindre, car c'est le Christ lui-même que nous avons revêtu. Tout ceci est grâce à accueillir dans la foi, chaque jour dans la prière fidèle, sans oublier la grâce des grâces : l'Eucharistie et le sacrement de réconciliation. Car pour avancer dans la foi, nous allons donc activement participer à l'accueil de l'Esprit Saint Consolateur, en entrant dans le combat de la foi.

« Avec la vérité pour ceinturon, avec la justice pour cuirasse et comme chaussures, l'élan pour annoncer l'évangile de la paix… Recevez enfin le casque du salut et le glaive de l'Esprit, c'est-à-dire la Parole de Dieu » (Ephésiens 6, 14 et suivants)

Celui qui croit qu'il suffit d'attendre la consolation, sans rien faire, se trompe. Le Seigneur comble ceux qui se tournent vers Lui, mais respecte les coeurs qui se détournent de Lui. Écoutons le Seigneur qui est le même hier et aujourd'hui nous dire par la bouche du prophète Isaïe (57, 18) :

« Cependant je le guérirai, je le guiderai, Je lui prodiguerai réconfort, à lui et à ses endeuillés, créant un concert de lèvres. »
Cette parole fut pour moi, un rocher solide, qui m'a permis de tenir dans la foi et la

prière lors de l'agonie de mon fils. Je me suis accrochée à la parole de Dieu. Puissiez-vous vous emparer de la parole pour être ainsi portés par l'Amour.

« Le Seigneur réconforte son peuple et à ses humiliés, Il montre sa tendresse » (Isaïe 49, 13)

Pour expérimenter la Puissance de la Parole, il faut, me semble-t-il, accueillir l'Esprit qui va réaliser en nous et avec nous, ce que le Seigneur dit. C'est par la confiance, la foi toute simple que Dieu vient alléger notre peine.
- Recherchons donc chaque jour le Seigneur et le « reste nous sera donné par surcroît ».
- Tenons ferme dans l'espérance et rappelons-nous

« Le Seigneur fera disparaître la mort pour toujours. Le Seigneur Dieu essuiera les larmes sur tous les visages... Il l'a dit, Lui, le Seigneur. On dira ce jour-là, c'est Lui notre Dieu » (Apocalypse 7, 17)

« Nous avons espéré en Lui et Il nous délivre. C'est le Seigneur en qui nous avons espéré, exultons, jubilons puisqu'Il nous sauve. » (Isaïe 25, 9)

Cet Amour déployé pour nous réconforter prend racine dans le coeur et le corps de Jésus crucifié pour notre salut. En fait nous valons le prix du Sang de Jésus versé pour nous. C'est le prix d'un Dieu infiniment Grand, infiniment Bon, qui se penche sur son enfant chéri, mon enfant, et qui se penche sur moi, pour me dire :
« Je t'aime d'un amour éternel, aussi c'est par fidélité, que je t'attire à moi » (Isaïe 31, 3)

Emparons-nous de cette parole en regardant Jésus sur la croix :

« Ce sont nos souffrances, qu'Il portait ; ce sont nos douleurs qu'Il a supportées ... Et dans ses plaies se trouve notre guérison. (Isaïe 53, 4-5)

Avec Marie, tournons notre regard vers Jésus venu pour guérir et sauver tous les hommes. Avec Marie, silencieuse, au pied de la croix, regardons ce que l'Amour a accepté pour que mon enfant et moi, ayons la vie en Lui !...

« Nous, nous l'estimions touché, frappé par Dieu et humilié mais Lui, Il était déshonoré à cause de nos révoltes, broyé à cause de nos perversités, la sanction, gage de paix pour nous, était sur lui. » (Isaïe 53, 4-5)

AVEC TOI, VIERGE MARIE, JE PLEURE

Avec Toi, Vierge Marie, je pleure la mort de mon enfant... La mort de ton enfant bien-aimé, Ton Fils, donné par le Père !...

Avec Toi, Vierge Marie, je sais qu'en ton coeur de Mère, je rencontre la compassion de Celle, qui a tout accepté par avance pour l'Amour de Son Dieu « Qu'il me soit fait selon Ta Parole »

Avec Toi, Vierge Marie, Ton coeur, avec larmes et peut-être sanglots, vibre devant la haine de ceux qui lacèrent le Corps de Ton Fils !...

Ton coeur Ô Marie, rempli de l'Esprit Saint Consolateur, ressent avec douleur, chaque coup reçu par Jésus, en sa chair d'homme !...

Ton Amour, Ô Marie, tout uni à celui du Coeur de Jésus, accepte l'inimaginable passion pour nous, pour moi!...

Ton Coeur, Ô Marie, est blessé, mais Ta Foi est inébranlable, Tu continues à croire en la Vie plus forte que la mort !... En la Résurrection de ton Fils Jésus, que l'on met à mort ! N'a-t-il pas dit lui-même.

« Que le Fils de l'homme sera livré aux grands prêtres et aux scribes ; ils Le condamneront à mort et ils Le livreront aux païens. Ils se moqueront de Lui, ils Le flagelleront, ils Le tueront et trois jours après, Il ressuscitera. (Marc 10,33)

Ô Vierge Marie, mieux que quiconque, en Ton Coeur de mère, tu comprends la douleur de ce deuil cruel qui me frappe. Elle fait écho à la douleur du glaive que tu as accepté pour nous, pour moi. Jésus a porté mes souffrances, mes maladies, mon péché, tandis que ton Coeur tout uni au Sien, portait déjà en écho d'amour, la douleur de cette épreuve.

Ô Vierge Marie, donne-moi ta foi afin que je ne craigne plus ce passage obligé vers la résurrection et que germe en mon coeur, cette Vie nouvelle et éternelle de la présence du Ressuscité.

Ô Vierge Marie, demande pour moi cette joie sereine de la Résurrection, en attendant d'entrer dans la joie de mon Dieu, qui détruira en dernier, la mort !... J'attends mon Consolateur. Dès maintenant, qu'Il sèche mes larmes. Je l'attends et j'espère, sachant que celui qui « Met sa confiance en Dieu, ne sera jamais déçu ! »

Quelques jours après l'enterrement de mon fils, j'ai lu à l'ambon le psaume 30 du dimanche : **« Seigneur mon Dieu, j'ai crié vers Toi et Tu m'as guéri ! Seigneur, Tu m'as fait remonter des enfers. Tu m'as fait revivre, quand je tombais dans la fosse ... Tu as changé mon deuil en une danse et remplacé mon sac par des habits de fête aussi l'âme Te chante sans répit Seigneur, mon Dieu, je Te rendrai grâce toujours. »**

Il est bien évident qu'en lisant « Tu as changé mon deuil en une danse », je pensais que je n'en étais pas encore là. Cependant le réconfort, par le Seigneur, est donné quand Il veut, comme Il veut. La seule chose que je sais, c'est que le Seigneur répond toujours aux prières et qu'Il donne, non en fonction de nos mérites, mais de son Amour, considérant dans Sa Sagesse, ce qui est le meilleur pour nous. Même si je ne comprends pas, je Te dirai toujours : «Seigneur mon Dieu, je Te rends grâce » Alors n'oublie pas la Parole de Dieu :

Tu rechercheras le Seigneur, ton Dieu. Tu le trouveras si tu le cherches de tout ton coeur, de tout ton être. Quand tu seras dans la détresse, quand tout cela t'arrivera, dans les jours à venir, tu reviendras au Seigneur, ton Dieu, et tu écouteras sa voix, car le Seigneur, ton Dieu est un Dieu miséricordieux, Il ne te délaissera pas, Il ne te détruira pas, Il n'oubliera pas l'alliance jurée à tes pères. (Deutéronome 4, 29-31)

Alors nous connaîtrons la Miséricorde de Dieu, nous puiserons la joie dans son Amour. Nous pourrons dire : Mon Seigneur et mon Dieu, je Te bénis pour mon enfant, car Ton Amour va à tous tes enfants, sans en oublier aucun.

« Et je n'éprouve pas le besoin de me demander pourquoi mon Père m'aime ou ce qu'il aime en moi. Je serai d'ailleurs fort embarrassé pour répondre. Il m'aime parce qu'Il est l'Amour et il suffit que j'accepte d'être aimé de Lui pour l'être effectivement. Mais il faut que je fasse ce geste personnel d'accepter. Cela, c'est la dignité, la beauté même de l'amour qui le veut. L'Amour ne s'impose pas ; il s'offre. » (Auguste Valensin s.j.)

Le Seigneur est ma Lumière et mon salut, de qui aurais-je crainte ? (Paume 26)

CHAPITRE 12

M'AIMES TU PLUS QUE CEUX-CI

Seigneur, Toi qui sais toute chose,
Tu sais bien que je t'aime
(Jean 21, 17)

Repliés sur notre souffrance, figés dans notre comportement à cause de la douleur, nous avons bien du mal à voir avec les yeux de la foi l'enfant en nous, qui crie et se débat dans ce monde de tristesse… Car «dans notre vie, il y a toujours un enfant à mettre au monde, l'enfant de Dieu que nous sommes.» (Christian de Chergé, prieur de Tibhirine).

Notre coeur en deuil, a du mal à reconnaître que le Seigneur est un Dieu de bonté, qui ne veut que la paix et la joie pour moi, qui pleure !... En fait, j'ai du mal à pardonner à Dieu, ce qui vient de m'arriver !... Et je me débats alors que le Seigneur m'invite à regarder son fils Jésus qui dit à Pierre après le reniement

« Pierre m'aimes-tu plus que ceux-ci ? »

Nous sommes invités à entrer dans l'amour « agape », l'amour divin qui est diffusif et non exclusif.

- L'amour divin qui est au-dessus de tout et qui donne naissance à tout homme, sur la terre comme au ciel.
- L'amour divin, qui n'exclut personne, mais attire tous ses enfants
- L'amour divin, auquel nous sommes invités à croire !...
- L'amour divin, plus fort que la mort !...
- L'amour divin, que rien ne peut arrêter !...

Cet Amour du Christ qui nous presse à recentrer notre regard sur Lui. « Et Moi, m'aimes-tu ? M'aimes-tu plus que ton fils, ta fille ? » C'est Moi qui t'ai donné cet enfant, que tu aimes... Je l'ai créé pour la joie d'aimer et d'être aimé... « Et Je l'aime d'un amour d'éternité... »

« **Je l'ai aimé... C'est pourtant Moi qui avais appris à marcher à Ephraïm les prenant par les bras, mais ils n'ont pas reconnu que Je prenais soin d'eux. Je les menais avec des attaches humaines, avec des liens d'amour, j'étais pour eux comme ceux qui soulèvent un nourrisson contre leur joue et Je lui tendais de quoi se nourrir.** » (Osée 11,3-4)

Par nous, à l'égard de notre enfant : Dieu s'est comporté comme le plus tendre des pères, lui donnant une mère et un père selon son coeur !... Et par nous, lui donnant à manger... Dieu dans Sa Tendresse, le menait avec des liens d'amour !... Ces liens sont vivants pour toujours, car l'amour ne peut être effacé : il demeure ! À l'intérieur de notre cœur, une part de nous-mêmes s'est endormie, devant le froid de la mort. Nous avons à retrouver l'enfant de Dieu en nous, rempli de l'Esprit Saint, pour regarder le Seigneur de la Vie : Jésus ...

- Il a donné sa vie pour la vie de notre enfant...
- Il a payé la rançon de notre péché.
- Il nous demande de l'aimer Lui, notre Sauveur

Jésus lui-même Ressuscité et Vivant nous invite à l'aimer Lui : L'Amour « agape », l'Amour Tout Puissant, l'Amour Créateur et Sauveur. Jésus avait quémandé de l'eau à la samaritaine. Aujourd'hui Il quémande notre amour : « **m'aimes-tu plus que ceux-ci ?** » Tout aussi démuni que Pierre, avec toutes nos incapacités, nous pouvons dire :

Seigneur, Tu sais toute chose, Tu sais bien que je t'aime !...

PRIÈRE

Seigneur, dans Ta très grande bonté, Tu m'avais donné cet enfant très aimant : Ta vie coulait en ses veines !...

Seigneur, dans Ta Sagesse au-dessus de mon entendement, Tu as permis que je sois privé de cet enfant très cher. Mais dès le commencement, il était à Toi.

Seigneur, Tu l'avais créé pour le bonheur d'être avec Toi, nous confiant le soin de le faire grandir en Toi.

Seigneur, Ta Vie ne peut s'arrêter, elle se transforme.

Seigneur, Je Te pardonne le départ prématuré de mon fils (fille) vers Toi. Une part de moi-même s'est endormie avec l'absence de celui (celle) que j'aime.

Seigneur, je T'offre cette part d'amour non reçue, cette part d'amour non donné, comme des perles précieuses à recueillir au fond de mon coeur meurtri...

Seigneur, maintenant j'ai auprès de Toi, non seulement celui (celle) que j'aime, mais aussi tout l'amour qui nous unissait et que par Ton Esprit Saint, je Te donne.

Seigneur, il Te faudra descendre au plus profond de ma douleur pour cueillir cet amour précieux. Sachant que le bonheur commence avec Toi, je Te donne, mon enfant, je Te donne cette affection qui me relie à lui, car Tu Es l'Amour auquel aspire tout homme, car Tu es la Vie. En dehors de Toi, il n'y a pas de vie !... Je sais que je reverrai le sourire de mon fils (fille) resplendissant dans Ta Gloire !

Seigneur, dès maintenant en recevant ton Corps Vivant, mon Créateur et Sauveur, je reçois un peu l'âme de mon enfant; car Toi Tu contiens tout, et moi, enfant de Dieu, en Te recevant, je contiens le Maître de l'univers !...

Mon Père, je m'abandonne à Toi. Je mets ma vie entre tes mains que ta volonté se fasse en moi. Je ne désire rien d'autre, mon Dieu.

CHAPITRE 13

JE DETIENS LES CLES
DE LA MORT

Je détiens les clés de la mort
(Apocalypse 1, 18)

Lecture de l'Apocalypse de Saint Jean (1, 9-19)
« **Moi Jean, votre frère et compagnon dans la persécution, la royauté et l'endurance avec Jésus, je me trouvais dans l'île de Patmos à cause de la Parole de Dieu et du témoignage pour Jésus. C'était le jour du Seigneur ; je fus inspiré par l'Esprit, et j'entendis derrière moi une voix puissante, pareille au son d'une trompette. Elle disait : « Ce que tu vois, écris-le dans un livre et envoie-le aux sept Eglises qui sont en Asie Mineure ». Je me retournai pour voir qui me parlait. Quand je me fus retourné, je vis sept chandeliers d'or; et au milieu d'eux comme un fils d'homme, vêtu d'une longue tunique; une ceinture d'or lui serrait la poitrine. Quand je Le vis, je tombai comme mort à ses pieds, mais Il posa sur moi sa main droite, en disant « Sois, sans crainte, Je Suis le Premier et le dernier, Je Suis le Vivant : J'étais mort, mais me voici vivant pour les siècles des siècles et Je détiens les clés de la mort et du séjour des morts »**

Saint Paul nous le redit en sa première lettre aux Corinthiens chapitre 15, verset 26 : **« Le dernier ennemi détruit, c'est la mort »**

Pour nous, qui sommes encore sur cette terre, pour nous, qui sommes accablés de douleur, osons, comme Thomas, écouter Jésus qui dit : **« Avance ta main, touche du doigt l'endroit des clous ; ne sois pas incrédule, sois croyant »** (Jean 20-27)

Osons croire en la Puissance admirable, adorable de l'Amour livré pour nous... Osons croire en la Puissance de Dieu, qui a ressuscité Jésus d'entre les morts...

« Mon Père est l'oeuvre, moi aussi Je suis à l'oeuvre », nous dit Jésus. (Jean 5, 17)

Aujourd'hui, Jésus est à l'oeuvre...
Aujourd'hui, Jésus change la mort en vie par Miséricorde, pour notre enfant.
Aujourd'hui, Jésus veut nous faire passer de la souffrance du deuil à la joie de croire en Celui qui s'est levé d'entre les morts.

- Oui, la mort a été vaincue !
- Oui, le Seigneur est Vivant !
- Oui, je me lèverai, moi aussi vers mon Père.
- Oui, je pourrai rencontrer mon enfant dans le Royaume.
- Oui, je chanterai avec mon enfant la splendeur de Dieu Vainqueur.
- Oui, mon Dieu me consolera comme une mère sur ses genoux
- !Oui, aujourd'hui le Seigneur est là, bien Vivant !
- Oui, Il est à l'oeuvre et me donne Son Esprit Saint.
- Oui, aujourd'hui, mon Dieu me réjouit de Sa Présence, dans la prière prolongée, dans la lecture de Sa Parole, dans la communion à son Corps Vivant et

par la prière des frères. Je peux dire la tendresse de Dieu pour ses enfants, avec les mots de ma grand-mère pour une de ses filles :

J'avais rêvé pour toi une route fleurie
De toutes les douceurs que renferme la vie
De toutes les beautés, de toutes tendresses
Et de tous les bonheurs de l'ardente jeunesse

J'avais rêvé pour toi, ce que rêve une mère
Toutes les joies sacrées pour son enfant si cher
Le songe fut trop beau. Le réveil trop cruel !
Et nous eûmes des larmes, en suppliant le ciel !...

Mais tout n'est pas fini ! Je verrai ton sourire
Et ton regard briller d'ineffable bonheur
Tu goûteras le calme auquel ton coeur aspire
Car le Dieu de Bonté aura séché nos pleurs !...

PAROLE DE DIEU (Luc 24, 13-35)
Le troisième jour après la mort de Jésus, deux disciples faisaient route vers un village appelé Emmaüs, à deux heures de marche de Jérusalem, et ils parlaient ensemble de tout ce qui s'était passé. Or tandis qu'ils parlaient et discutaient, Jésus lui-même s'approcha, et il marchait avec eux. Mais leurs yeux étaient aveuglés, et ils ne Le reconnaissaient pas. Jésus leur dit « de quoi causiez-vous donc, tout en marchant ? » Alors ils s'arrêtèrent, tout tristes. L'un d'eux, nommé Cléophas, répondit : « Tu es bien le seul de tous ceux qui étaient à Jérusalem à ignorer les événements de ces jours-ci. » Il leur dit « quels événements ? » Ils lui répondirent : « ce qui est arrivé à Jésus de Nazareth, cet homme était un prophète puissant par ses actes et ses paroles devant Dieu et

devant le peuple. Le chef des prêtres et nos dirigeants l'ont livré, ils l'ont fait condamner à mort et ils l'ont crucifié. Et nous, qui espérions qu'il serait le libérateur d'Israël ! Avec tout cela, voici déjà le troisième jour qui passe depuis que c'est arrivé !... À vrai dire, nous avons été bouleversés par quelques femmes de notre groupe. Elles sont allées au tombeau de très bonne heure, et elles n'ont pas trouvé son corps; elles sont même venues nous dire qu'elles avaient eu une apparition des anges, qui disaient qu'Il est Vivant. Quelques-uns de nos compagnons sont allés au tombeau, et ils ont trouvé les choses comme les femmes l'avaient dit; mais Lui, ils ne l'ont pas vu » Il leur dit alors : « vous n'avez donc pas compris. Comme votre coeur est lent à croire tout ce qu'ont dit les prophètes ! Ne fallait-il pas que le Messie souffrit tout cela pour entrer dans sa Gloire ? » Et en partant de Moïse et de tous les prophètes, Il leur expliqua, dans toute l'Écriture, ce qui le concernait. Quand ils s'approchèrent du village où ils se rendaient, Jésus fit semblant d'aller plus loin. Mais ils s'efforcèrent de le retenir « reste avec nous, le soir approche et déjà le jour baisse » Il entra donc pour rester avec eux. Quand Il fût à table avec eux, Il prit du pain, dit la bénédiction, le rompit et le leur donna. Alors leurs yeux s'ouvrirent, et ils Le reconnurent, mais Il disparut à leurs regards.

Que remarquons-nous dans ce texte ? Pourquoi les disciples sont-ils découragés ? Ils marchent avec Jésus, sans le savoir ! Pourquoi n'ont-ils pas cru les femmes et ceux de leur groupe, qui sont allés au tombeau ? À quoi ces disciples ont-ils reconnu enfin Jésus ? En répondant à toutes ces questions, nous allons comme ces disciples découragés par la mort de Jésus retrouver le chemin de la joie de Sa Présence.
Avec Marie, sa mère et notre mère, regardons notre enfant et son enfant, Puis disons : Jésus et le prénom de notre enfant. (Pour moi : Jésus-Alain)... En réunissant Celui qui sauve et celui qui est sauvé !... Et en pensant à cette Parole de Saint Paul :

« Si nous sommes morts avec le Christ, Nous croyons que nous vivrons aussi avec Lui, sachant que le Christ, un fois ressuscité des morts ne meurt plus, que la mort n'exerce plus de pouvoir sur Lui. » (Romains 6, 8)

Jésus veut dire : Dieu Sauve… En répétant Jésus-Alain, je dis Dieu sauve mon Alain… Voilà ma forme de prière pendant l'agonie de mon fils. Nous savons que Dieu écoute ses enfants et attend le moment favorable pour nous exaucer ! N'a-t-Il pas dit que « tout ce que nous demanderions en son Nom, Il nous l'accorderait ? » Pour entrer avec Jésus dans la joie de la résurrection, après notre deuil, faisons comme les disciples d'Emmaüs :

- Accueillons Sa Présence,
- Puis lisons comme une lettre d'amour, la Parole de Jésus aux siens,
- Et enfin unissons-nous à Lui, par Son Corps.

CHAPITRE 14

DON LOUANGE ABANDON

Et Je serai son Dieu et lui sera mon fils
(Apocalypse 21, 7)

La louange dans le deuil

Comment louer mon Seigneur après ce que je viens de vivre ? Comment rayonner de joie après ce deuil cruel ?... C'est inhumain !... Si la joie n'habite plus mon coeur, je peux à travers les larmes, lever les yeux vers mon Seigneur, mon Dieu, chanter son **Nom** au-dessus de tout nom, car Il a pris chair de la Vierge Marie, pour moi, pour mon enfant; il a vécu en juif pratiquant, uni au Père, Il a accepté de livrer sa vie pour nous entraîner à travers sa mort dans sa résurrection. Il est vivant ! Il est mon Sauveur. Le secret du bonheur au ciel et sur la terre, est la louange de Dieu ! Mon fils, par miséricorde et grâce, est entré dans l'émerveillement et la louange de la découverte de Dieu, Jésus a dit :

« **La Vie Eternelle, c'est qu'ils Te connaissent, Toi, le seul vrai Dieu, et Celui que tu as envoyé, Jésus Christ** » (Jean 17, 3)

- Connaître, c'est « aimer » ;
- Aimer, c'est faire la volonté du Père.
- Or la volonté du Père est « Vie Eternelle… »

Jésus est venu, nous dit-il, non pour condamner, mais pour sauver… C'est-à-dire nous faire entrer dans la Gloire du Père.

« **Demeurez en mon amour. Si vous observez mes commandements, vous demeurerez dans mon amour, comme en observant les commandements de mon Père, Je demeure dans son amour**» (Jean 15, 9-10)

La louange naît, alors, car nous entrons par la foi dans cet amour du Père et du Fils, qui est vie et non mort de l'homme. Nous entrons dans la vie de Dieu qui est résurrection et « éternité de délices ». Jésus nous a dit tout cela

« **Pour que notre joie soit parfaite** » (Jean 15, 11)

Alors notre louange devient reconnaissante à Jésus Sauveur et vainqueur de la mort
Jésus, qui aime tous ses enfants
Jésus, qui est venu les sauver de la mort éternelle
Jésus, qui est lumière dans nos obscurités
Jésus, qui a versé son Sang Précieux pour nous
Jésus, qui a livré sa vie et a le pouvoir de la reprendre
Jésus, dont les Paroles sont Esprit et Vie
Jésus, qui est notre frère aîné
Jésus, qui nous donne l'Esprit Saint en abondance
Jésus, qui nous dit tout son amour pour nous et qui nous le prouve
Jésus, qui nous rassure : « **N'ayez pas peur, J'ai vaincu le monde** » (du mal…)
Jésus, qui de la mort, tire la Vie, car Il est Créateur aujourd'hui.

En effet, « **ni la mort, ni la vie... rien ne pourra nous séparer de l'Amour de Dieu, manifesté en Jésus Christ, notre Seigneur** ».

Je ne peux pas louer le Seigneur, tant je souffre!... Pourquoi a-t-il permis cela ? Pourquoi la souffrance et la mort de mon enfant ? En effet quand nous souffrons, nos yeux sont aveuglés par le poids de notre détresse!

Louer Dieu
- C'est Le regarder, Lui, le Sauveur, au milieu de notre détresse!
- C'est Le voir à travers tout ce mal, qu'Il est venu détruire en Son Corps!
- C'est Lui conserver toute notre confiance d'enfants de Dieu !
- C'est accepter de Le contempler dans Sa Vie Terrestre !
- C'est écouter Ses Paroles, les conserver dans notre coeur, comme Marie !
- C'est savoir « que le poids de nos détresses, ici-bas, n'est rien en comparaison du poids de gloire que le Seigneur nous prépare »
- C'est croire dans la Puissance des Paroles de Jésus !
- Louer Dieu, enfin « parce qu'Il est avec nous, jusqu'à la fin des temps !»

Oui, laisse-toi saisir par ce Dieu Unique, très Grand, très Saint, qui veut te donner la vie aujourd'hui !

Oui, laisse-toi séduire par Jésus qui a donné sa Vie, car Il veut que ses enfants passent par Lui, de la mort à la Vie Eternelle ! En effet, Dieu avait dit par le prophète Osée :

« **Je la séduirai, Je la conduirai au désert, Je parlerai à son coeur.** » (Osée 2, 16)

Mon Dieu veut me séduire, moi pécheur!
Mon Dieu veut parler, à moi sa créature !
Mon Dieu veut mon bonheur, à moi qui pleure!
Mon Dieu ouvre la porte de la vie à mon enfant racheté à grand prix !
Mon Dieu me tend la main !

Dans la foi à Celui qui peut tout, vais-je donner mon enfant ?
Dans la foi, au meilleur des pères, vais-je confier le bonheur de mon fils, de ma fille ?
Je ne comprends pas, mais je crois à l'Amour !

« La louange est cet état d'âme, saisi par la beauté de Dieu » dit le père Roger Paulin.

Si tu loues de tout ton coeur le Seigneur, la tristesse du deuil est chassé par l'Esprit Saint qui est Résurrection et Vie.

- La louange, c'est oser lever les yeux vers le Seigneur et ne plus regarder la tristesse de cette grande séparation !
- La louange, c'est se laisser habiter par l'Esprit Saint, qui chasse les ténèbres !
- La louange, c'est attendre que le Seigneur mette lui-même en nous la joie de la résurrection, qui est don gratuit de Dieu.
- La louange, c'est entrer dans le chemin d'éternité, dès cette vie, sachant que la mort n'est qu'une porte vers la vraie vie !

Comment entrer dans cette louange

Jésus nous a dit dans l'Evangile de saint Jean au chapitre 14 verset 6 :

« Je suis le Chemin, la Vérité et la Vie »

Alors, comme des enfants, demandons à Jésus, de nous donner la louange sur le chemin qu'Il est ! La Vérité qu'Il nous donne et la Vie éternelle qu'Il veut nous donner dès cette terre, par son Corps Eucharistique dans la foi !

En Lui nous avons tout !
Par Lui, nous obtenons tout !
Avec Lui, nous ne craignions rien !

La mort est vaincue, le Christ est Vivant. La louange décentre notre regard de nous-mêmes, pour le centrer sur Dieu ! Nous pouvons avoir confiance en Jésus, car Il est venu vivre notre condition d'homme vulnérable !... Il a souffert... Il fût un familier de la souffrance ! Il est mort comme un homme, dans d'horribles conditions, mais Il est ressuscité et Il est Vivant aujourd'hui, comme hier et demain !... Avec la Vierge Marie, nous pouvons regarder Jésus, l'Agneau de Dieu, comme nous le dit Jean-Baptiste :

Lui, le Seigneur loué par les anges, les archanges,
IL est insulté, mais « **Il ne rendait pas l'insulte** ».
Lui, le Tout Puissant, est battu,
Il priait pour ses enfants aveuglés par leurs péchés!...
Lui, le Roi du monde, Il a été couronné d'épines!...
Lui, l'admirable Créateur de l'homme,
Il a été défiguré par les coups donnés par ses enfants, ses frères!...
Lui, le Seigneur de Gloire, Il a été cloué sur une croix, comme un malfaiteur!...

Dans la louange, peu à peu, nous allons découvrir ainsi par le coeur, que notre Dieu est humble et doux ; qu'Il vient à nous, pour nous consoler, nous combler de sa force, de ses grâces, comme le Père va au-devant du fils prodigue pour le revêtir de la plus belle robe : son Esprit. La louange nous permet de désensabler la source de

notre baptême et de laisser jaillir l'Esprit Saint. Car l'Esprit provient du Père et du Fils : Il est louange du Père vers le Fils et du Fils vers le Père. N'oublions pas que :
« **Le Père ne refusera pas l'Esprit à ceux qui le Lui demandent !** »

Jésus nous invite toujours à aller vers Lui, car sans Lui, nous croulons sous le chagrin !... Il nous dit : « **Si quelqu'un a soif, qu'il vienne à Moi et que boive, celui qui croit en Moi. Comme l'a dit l'Ecriture, de son sein couleront des fleuves d'eau vive** » (Jean 7, 37) « **Venez à Moi, vous tous qui ployez sous le fardeau et Moi, Je vous soulagerai** » (Matthieu 11, 28)

CHERCHONS Le SENS DE NOTRE EPREUVE

Je procure une grande louange en disant au Seigneur : je ne comprends pas pourquoi tant de souffrance, je ne comprends pas le pourquoi de cette épreuve, mais je continue à croire que :

- Tu es un Dieu plein d'Amour pour les hommes pour lesquels Tu as envoyé Ton Fils Jésus!
- Tu es un Dieu d'Amour, même lorsque Ton propre Fils Jésus meurt sur la croix pour nous !
- Tu es mon Dieu!... Je Te loue
- Seigneur Jésus, Tu m'aimes à en mourir !... Pour que mon enfant et moi, nous vivions avec Toi

Seigneur Jésus, Tu demeures un Dieu d'Amour, même lorsque je goûte l'amertume du deuil...

•**Seigneur Jésus,** je crois que « Tu as le pouvoir de donner ta vie et de la reprendre »

La louange, c'est accepter tout ce qui nous arrive : le bien et le mal, sachant que « le Seigneur fera tout concourir au bien de ceux qu'Il aime »

Je te loue Seigneur pour cette maladie que le médecin vient de déceler. Tu sais toute chose et Tu Es vainqueur de tout mal, je le crois... je dépose à tes pieds mes inquiétudes et mes souffrances !

Je te loue Seigneur pour ce voisin qui ne me regarde plus depuis ce deuil. Tu l'aimes du même amour dont Tu m'aimes, prends mon coeur pour que je lui pardonne de tout coeur.

Je te loue Seigneur pour mon enfant qui est récalcitrant, qui s'oppose et se révolte. Je Te loue pour Ta Patience envers moi, quand je m'opposais à Toi et je Te demande ce même amour et cette même patience pour mon enfant, ton enfant bien-aimé.

Je te loue Seigneur pour cette maladie qui m'empêche de marcher : que me veux-Tu Seigneur ? Peut-être désires-tu que je me tourne davantage vers Toi, dans l'abandon total de l'issue de cette maladie.

Je te loue Seigneur à travers ce deuil cruel : Tu es la résurrection et la Vie, je le crois, mais augmente ma foi vacillante et donne-moi la force de porter cette croix, car c'est en prenant la croix de ma vie que je peux te suivre.

Je te loue Seigneur, car Tu as dit : « J'attirerai tous les hommes à Moi » et Tu le fais avec une très grande miséricorde...

Je te loue Seigneur malgré l'amertume que je goûte, car Toi, Tu as goûté l'amertume du vinaigre à cause de moi. Tu es venu pour sauver le monde et non pour le condamner !

Concrètement dans la foi et l'espérance, louons le Seigneur, ici-bas comme nous le ferons dans la claire vision du Royaume. Car la louange conduit à une joie profonde que nul ne peut nous ravir.

CHAPITRE 15

DE LA MORT
À L'OCEAN DE TON AMOUR

«JE SUIS L'ALPHA ET L'OMEGA »
(Apocalypse 21, 6)

Dans l'Apocalypse de Saint Jean, une parole du Seigneur nous révèle qu'IL est le commencement et la fin de toute vie. Nous venons de Dieu et nous allons à Dieu!... Notre vie, sur la terre, est baignée de la Présence constante de notre Dieu, par son Esprit. Il n'y a qu'un seul sens à notre vie pour lequel nous avons été créés : Dieu. Si nous pouvions aller en marche arrière et remonter le temps, nous nous éloignerions du projet de Dieu. Mais qui peut ajouter un jour à ses jours ? Dieu nous a fait pour Lui, pour le bonheur d'être avec Lui. En effet le projet de Dieu : c'est la Vie Eternelle :

« **Qu'ils Te contemplent, Toi Père, et Celui que Tu as envoyé Jésus Christ.** » (Jean 1, 7-3)

Si nous avons la possibilité technique de reculer l'âge de la mort par une bonne hygiène de vie, par les nouvelles techniques de la médecine, nous n'avons, en aucun cas, le pouvoir d'y échapper. Or la mort, tout inhumaine qu'elle soit, n'est qu'une porte que l'on pousse, dans un seul sens, et qui nous permet de contempler Dieu sans voile :

« Nous Le verrons tel qu'Il est. »
(1 Jean 3, 2)

Le voile qui nous empêche de voir le Seigneur, c'est notre humanité :

« On ne peut voir Dieu sans mourir. »
(Ex 33, 20)

Le ciel promis par Jésus à ceux qui croient en Lui : c'est Le voir Lui dans un face à face... Saint Paul nous dit : « **A présent, nous voyons dans un miroir et de façon confuse, mais alors ce sera le face à face. À présent, ma connaissance est limitée, Alors je connaîtrai comme je suis connu.** » (1 corinthiens 13, 12) Saint Paul dit encore : « **ma vie c'est le Christ** » Or en dehors du Christ, il n'y a pas de vie. Là où est l'Esprit, est la Vie. Avec le Christ, nous entrerons dans sa vie, dans sa joie. Nous entendrons au fond de notre coeur « **Entre dans la joie de ton maître** » mais il faut auparavant avoir accepté d'entrer dans la vie proposée par Dieu. J'ai choisis d'habiter la maison de Dieu, J'ai choisi le bonheur et la vie.

DE LA MORT A L'OCEAN DE TON AMOUR

Pour nous qui avons choisi de faire confiance en la Parole de Dieu, nous sommes déjà appelés à faire ce pas de géant «dans la foi», qu'ont fait les saints...

Saint François avant de mourir prie ainsi : « Dans un acte d'abandon, ma voix crie vers Adonaï (Seigneur) De ma voix, j'implore le Seigneur. Je répands ma plainte en

Sa Présence. J'expose devant Lui ma détresse. Tire mon âme de sa prison, afin que je célèbre Ton Nom. Les justes m'attendent, donne-moi ma récompense ! »

Marthe Robin dit le 3 janvier 1930 : « La mort, c'est la grâce des grâces et le couronnement de notre vie chrétienne. Elle n'est pas une fin, comme hélas, encore trop, (de personnes) le pensent, mais c'est le commencement d'une belle naissance. Elle ne marque pas l'heure de la dissolution d'une créature, mais son véritable développement, son plein épanouissement dans l'amour. Elle complète notre possession de la vie divine, en supprimant les obstacles, qui ici-bas, nous empêchent d'en jouir à notre aise. Elle nous permet enfin de vaquer librement à l'Eternel Amour, d'avoir conscience qu'Il se donne à nous et de demeurer à jamais en Lui...»

« Etienne annonce le règne de Dieu en faisant des prodiges, mais avec des paroles dures à entendre pour les juifs, « hommes au cou raide, incirconcis de coeur et d'oreilles, toujours vous résistez à l'Esprit Saint... » Ces paroles les exaspérèrent et ils grinçaient des dents contre Etienne. Mais lui, rempli d'Esprit Saint, fixait le ciel : Il vit la gloire de Dieu et Jésus debout à la droite de Dieu. Voici dit-il, que je contemple les cieux ouverts et le Fils de l'homme debout à la droite de Dieu... Tandis qu'ils le lapidaient, « Etienne prononça cette invocation : Seigneur Jésus reçois mon esprit. Puis il fléchit les genoux et lança un grand cri « Seigneur ne leur compte pas ce péché. Et sur ces mots, il mourut. » (Actes 7, 51-60)

Voilà ce que Jésus lui-même avait dit du Royaume :
« Père l'heure est venue, glorifie ton fils, afin que ton fils Te glorifie et que selon le pouvoir sur toute chair, que Tu lui as donné, Il donne la vie éternelle à tous ceux que Tu lui as donnés. Or la vie éternelle, c'est qu'ils TE connaissent, Toi le seul vrai Dieu et celui que Tu as envoyé Jésus Christ. » (Jean 17, 1)

La mort n'est que ce passage vers la vie, où sauvés par Jésus Christ, nous contemplerons Dieu éternellement !…

Je veux voir Dieu, le voir de mes yeux
Joie sans fin des bienheureux, je veux voir Dieu

CHAPITRE 16

SES ENTRAILLES ETAIENT EMUES
AU SUJET DE SON FILS

Ses entrailles étaient émues au sujet de son fils
(1 Rois 3, 26)

Deux femmes se disputaient un enfant, l'une dit : « Le fils de cette femme mourut une nuit parce qu'elle s'était couchée sur lui. Elle se leva au milieu de la nuit, prit mon fils qui était à côté de moi, ta servante dormait et le coucha contre elle; et son fils, le mort, elle le coucha contre moi…

- Le roi dit : « coupez en deux l'enfant vivant et donnez-en une moitié à l'une et une moitié à l'autre »

- La femme dont le fils était vivant, dit au roi, car ses entrailles étaient émues au sujet de son fils : « pardon mon Seigneur, donnez-lui le bébé vivant, mais ne le tuez pas. Tandis que l'autre disait « il ne sera ni à moi, ni à toi, coupez !»

- Alors le roi prit la parole et dit donnez à la première, le bébé vivant, ne le tuez pas; car c'est elle qui est la mère. » (1 rois 3, 18 à 26)

La mère est bien celle dont les entrailles frémissent et qui préfère savoir son enfant vivant avec une autre femme, que savoir son enfant mort. Notre Dieu de miséricorde a des entrailles de mère, c'est-à-dire qu'en Son coeur de Père, il y a tout l'attachement d'une femme à son enfant... ce lien indestructible qui est l'amour maternel ! Nous pensons souvent que nous aimons notre fils, notre fille d'un amour très grand... Naïvement nous penserions presque que nous aimons notre enfant plus que Dieu qui dans l'ancien testament, se révèle déjà comme un Père tendre et miséricordieux

« Ephraïm est-il pour moi un fils chéri, un enfant qui fait mes délices ? Chaque fois que j'en parle, je dois encore et encore prononcer son nom et en mon coeur quel émoi pour lui ! Je l'aime, oui, je l'aime ! » Oracle du Seigneur (Jérémie 31, 20)

Qui imaginerait que dans le coeur de Dieu, il y ait cet émoi pour mon enfant ? Oui Je l'aime, oui, Je l'aime... Oui Seigneur, Tu l'aimes…
Oui Seigneur, Tu l'aimes d'un amour divin, c'est-à-dire infiniment plus grand que le mien ! Mais comment accepter qu'il vive loin de moi, vivant en Toi. Comment accepter de ne plus le voir ? Comment accepter de ne plus recevoir de lui cette affection ! De ma propre force, je ne peux rien, mais en Dieu, je peux tout !... Je peux donner mon enfant au meilleur des pères, à mon Dieu. Je peux donner mon enfant à la meilleure des mères : la Vierge Marie !

PRIERE

Esprit Saint
Toi qui es l'amour et le don, viens me donner la force d'offrir mon enfant au Seigneur de couper ce cordon ombilical qui nous unit encore

Esprit Saint

Toi qui es feu d'amour, viens me remplir de cette plénitude d'amour dont Tu as rempli la Vierge Marie

Esprit Saint

Toi qui es consolateur, viens sécher mes larmes en pensant au bonheur de mon enfant avec Toi.

Esprit de Jésus

Toi qui es résurrection et Vie Eternelle, donne-moi la foi inaltérable de croire en Ta vie plus forte que la mort.

CHAPITRE 17

JE SUIS AVEC LUI, AVEC ELLE
DANS SON EPREUVE

Je suis avec lui dans son épreuve
(Psaume 90, 16)

Mon Dieu, je compte sur Toi
Quand je me tiens sous l'abri du Très-Haut
Et repose à l'ombre du Tout Puissant
Je dis au Seigneur : « mon refuge, mon rempart,
Mon Dieu, dont je suis sûr ! »
« Puisqu'il s'attache à Moi, je le délivre;
Je le défends, car il connaît mon Nom.
Il m'appelle, et Moi, Je lui réponds;
Je Suis avec lui dans son épreuve.
Je veux le libérer, le glorifier;
De longs jours, je veux le rassasier,
Et je ferai qu'il voit mon Salut »
(Psaume 91)

Ecoute Seigneur, réponds-moi,
Car je suis pauvre et malheureux.
Veille sur moi qui suis fidèle, Ô mon Dieu,
Sauve ton serviteur qui s'appuie sur Toi.
Prends pitié de moi, Seigneur,
Toi que j'appelle chaque jour
Seigneur, réjouis ton serviteur
Vers Toi, j'élève mon âme !
Toi qui es bon et qui pardonnes,
Plein d'amour pour tous ceux qui t'appellent,
Ecoute ma prière, Seigneur,
Entends ma voix qui Te supplie.
Je T'appelle au jour de ma détresse,
Et Toi, Seigneur, Tu me réponds.
Seigneur, mon Dieu
Je veux Te célébrer de tout mon coeur,
Et glorifier ton Nom pour toujours.
Il est grand Ton Amour pour moi:
Tu m'as tiré de l'abîme des morts.

(Psaume 85)

Celui qui regarde vers le Seigneur, dans sa détresse, sera écouté ! Celui qui montre sa souffrance, sera sauvé. En effet, Jésus est venu nous sauver de la mort, pour nous faire entrer dans Sa Gloire. Notre enfant, le premier, a expérimenté l'immense amour de Dieu, qui traverse la mort, qui tire de la mort !... Qui fait entrer dans la vie, Sa Vie, Sa Présence, le bonheur de Le contempler, Lui, Dieu Infini.

Si le Seigneur est avec nous dans la détresse de la séparation, le Seigneur est avec notre enfant, dans la plénitude de Sa Miséricorde. « **Tout homme verra le salut de**

Dieu » et cela, le jour de notre mort : l'Amour sera révélé !... Et une joie inaltérable nous envahira, même après quelques corrections !

« **Dieu nous a destiné à entrer en possession du salut par notre Seigneur Jésus Christ, mort pour nous, afin de nous faire vivre avec Lui, que nous soyons encore éveillés ou déjà endormis dans la mort** » (1 Thessaloniciens 5, 9b-10)

Pour notre enfant, comme pour nous, l'Amour a transformé la mort en Vie !... Ecoutons ce texte de Saint Augustin : Ecoutons-le comme un conseil de notre enfant bien-aimé :

Ne pleure pas, si tu m'aimes ! Si tu savais le don de Dieu !...Et ce que c'est que le ciel ! Si tu pouvais entendre le chant des bienheureux, et me voir au milieu d'eux ! Si tu pouvais voir se dérouler sous tes yeux les immenses horizons et les nouveaux sentiers, où je marche !... Si en un instant, tu pouvais contempler comme moi, la Beauté devant laquelle, toutes beautés palissent. Quoi ? Tu m'as vu... Tu m'as aimé dans le pays des ombres et tu ne pourrais, ni me revoir, ni m'aimer, dans le pays des immuables réalités ? Crois-moi, quand la mort viendra briser tes liens, comme elle a brisé ceux qui m'enchaînaient, et quand un jour que Dieu Seul connaît et qu'Il a fixé, ton âme viendra dans le ciel où la précédé la mienne... Ce jour-là, tu me reverras et tu retrouveras mon affection purifiée. A Dieu ne plaise qu'en entrant dans une vie plus heureuse, je sois infidèle aux souvenirs et aux vraies joies. Tu me reverras donc, transfiguré dans l'extase du bonheur, non plus attendant la mort, mais avançant d'instant en instant, avec toi dans les sentiers nouveaux de la Lumière et de la Vie !

CHAPITRE 18

POURQUOI M'EN ALLER EN DEUIL ACCABLE PAR L'ENNEMI

Pourquoi m'en aller en deuil, accablé par l'ennemi ?
Envoi Ta Lumière et Ta Vérité,
Elles me guideront, me mèneront
À Ta Montagne Sainte jusqu'en Tes demeures.
(Psaume 43)

N'oublions pas que chaque jour de notre deuil, l'ennemi ne va pas désarmer et essayer de nous faire désespérer. Le travail du deuil est cet effort spirituel et psychologique tendu vers Dieu, quoiqu'il arrive. Dès que je sens le chagrin remonter, je lève les yeux vers Jésus, mon Sauveur, je fais un acte de foi et confiance. Ma prière va me recentrer sur le Seigneur et son action. Il est bon de se remémorer le but de toute vie : le Royaume ! Syméon le Nouveau Théologien (10ème siècle) fit une description qui m'enthousiasme de cette Gloire de Dieu qu'il a déjà goûté ici-bas

J'admire, dans la stupeur, la splendeur de Sa Beauté ...

Et comment, ayant ouvert les Cieux, le Créateur S'est penché

Et m'a montré Sa Gloire, indicible, merveilleuse,

Et qui donc s'approcherait de Lui ?

Tandis que j'y réfléchis... Il se découvre Lui-même, en moi

Resplendissant à l'intérieur de mon misérable coeur

De tous côtés m'illuminant, de Son Immortelle Splendeur !...

Eclairant tous mes membres de ses rayons ;

Tout entier, enlacé à moi, l'indigne !

Et je suis rempli de Son Amour et de Sa Beauté

Et je suis rassasié de la jouissance et de la douceur divines.

Je prends part à la Lumière, je participe à la Gloire

Et mon visage resplendit comme Celui de Mon Bien-Aimé

Et tous mes membres deviennent porteurs de Lumière.

CHAPITRE 19

IL S'EST PENCHE
VERS MOI

J'ai attendu, attendu le Seigneur
Il s'est penché vers moi,
Il a entendu mon cri,
Il m'a tiré du gouffre tumultueux,
De la vase des grands fonds.
Il m'a remis debout, les pieds sur le rocher,
Il a assuré mes pas.
Il a mis dans ma bouche un chant nouveau
Une louange pour notre Dieu.
Heureux l'homme qui a mis sa confiance
Dans le Seigneur.
(Psaume 40)

Saint Paul écrit dans la seconde lettre à Timothée
« **Si nous sommes morts avec Lui (Jésus), avec Lui, nous vivrons. Si nous supportons l'épreuve avec Lui, avec Lui nous régnerons.** » (2Ti 2, 12)

« Cette grâce, qui nous avait été donnée avant les temps éternels dans le Christ Jésus, a été manifestée maintenant par l'apparition de notre Sauveur, le Christ Jésus. C'est Lui qui a détruit la mort et fait briller la vie et l'immortalité par l'Evangile »

C'est dans le Christ Jésus et par Lui Seul, que notre enfant et nous-mêmes avons la Vie. Notre enfant est dans la claire vision, après la mort, tandis que nous vivons dans « la foi obscure » la foi totale dans les paroles de Jésus, rapportées par ses disciples, ses témoins, ses martyrs...

L'Amour de Dieu est présent dans le Royaume et sur cette terre, car l'Esprit Saint, ce Feu d'amour est un autre Jésus, envoyé dans le monde par notre Sauveur pour nous faire entrer « par la foi » dans le Royaume où Il règne.

PRIERE
Entre tes mains Seigneur, je remets mes souffrances, mes épreuves et ma vie.
Je mets ma confiance en Toi qui es descendu du Ciel pour nous sauver de nos ténèbres. Rien ne pourra me séparer de Toi, car Ton Amour est plus fort que la mort
Entre Tes mains Seigneur, je remets ceux que j'aime...
Entre Tes mains Seigneur, je remets ceux qui ne Te connaissent pas encore.
Entre tes mains Seigneur, je mets ceux qui m'ont blessé(e), car Tu es le Pardon.
Entre Tes mains Seigneur, je remets tous mes soucis,
Tu les connais, redonne-moi courage, car Tu as vaincu la mort.
Entre Tes mains Seigneur, je remets mon esprit : Je suis à Toi, Tu m'as racheté au prix de Ton Sang précieux.
Entre Tes mains Seigneur, je veux demeurer pour faire Ta Joie et entrer à ma mort dans Ta Joie.
Amen

CHAPITRE 20

LA DETRESSE PRODUIT
LA PERS EVERANCE

La détresse produit la persévérance
(Romains 5, 4)

Oui dans cette vie, je suis dans la détresse à cause de ce deuil cruel qui me déchire. Or Dieu ne veut pas que je reste dans la détresse : bien au contraire ; Il veut pour moi la paix et la joie !... Le chemin est dur, difficile ; il débouche sur l'infini de l'Amour de Dieu.

« Frères, Dieu a fait de nous des justes par la foi; nous sommes ainsi en paix avec Dieu par notre Seigneur Jésus Christ qui nous a donné, par la foi, l'accès au monde de la grâce dans lequel nous sommes établis ; et notre orgueil à nous, c'est d'espérer avoir part à la Gloire de Dieu. Mais ce n'est pas tout : la détresse elle-même fait notre orgueil, puisque la détresse, nous le savons produit la persévérance ; la persévérance produit la valeur éprouvée ; la valeur éprouvée produit l'espérance; et l'espérance ne trompe pas, puisque l'Amour

de Dieu a été répandu en nos cœurs par l'Esprit Saint qui nous a été donné. » (Romains 5, 1 à 5)

Mon épreuve m'introduit, si je le veux, dans la persévérance de la foi et de l'espérance. La foi c'est donner ma volonté à Dieu, sans Le voir, ni Le toucher. L'espérance, c'est l'échelle, qui par la foi, me met les pieds sur terre et la tête dans le ciel.

L'Amour vrai est le moteur de toute vie ici-bas et dans le ciel. L'Amour demeure, car Il vient de Dieu, Il est Dieu. C'est l'Esprit Saint, Feu d'Amour qui plonge en Dieu et en nous. Quand Jésus Christ est mort. Dieu n'a pas cessé d'être Amour. Au contraire, Il a redonné Vie à Jésus parce qu'Il est et demeure l'Amour
Quand mon enfant est parti dans les bras du Père, Dieu n'a pas cessé d'être l'Amour. Au contraire, par les mérites seuls de Jésus Christ, il a été lavé de ses péchés et par « grâce uniquement» il a été sauvé de la mort. Sa vie n'est plus ici, mais en Dieu. Ma vie restante devra être « action de grâce envers la Miséricorde »... Je ne cesserai pas de chanter la Miséricorde de Dieu, manifesté en Jésus !... C'est la découverte de tout ce qui appartient au Père et au Fils, que me fait connaître l'Esprit Saint. C'est pour moi la découverte de mon état de fils ou de fille de Dieu. Plus je découvre la grandeur du Père, plus je découvre que je suis fille de Dieu, par la grâce du Fils, non par mes propres mérites, mais gratuitement, par Amour !... Alors Dieu vient dans mon coeur blessé, chaque fois que je l'appelle !... Il n'attend que ma confiance d'enfant, pour me donner l'Esprit en abondance !... A mon coeur meurtri, à chacune de mes petites prières, Il est là pour me consoler... Comme pour la veuve de Naïm... Il sait toute la peine qui m'habite... Il veut me la prendre... tandis que je vais crier ma foi en Sa Miséricorde. Plus je vais mettre ma confiance en Lui ; plus Il va m'émerveiller par Sa Tendresse... même au plus dur du chemin...

« Car je sais, moi qu'Il est Vivant, mon rédempteur ! »

Bien sûr, mon chemin n'est pas fini... Bien sûr, jour après jour, je devrai continuer à clamer ma foi, ma confiance, avec pour seul appui la Parole de Dieu, le Corps de Jésus et le Saint Esprit ! L'Esprit Saint est représenté par l'eau vive jaillissante !... Jésus dit à la samaritaine :

« Celui qui boira de l'eau que moi, Je lui donnerai, n'aura plus jamais soif; et l'eau que Je lui donnerai deviendra Source Jaillissante pour la Vie Eternelle » (Jean 4, 14)

Il y a peu d'eau dans mon puits, mais Toi Seigneur, Tu peux faire jaillir l'eau de la pierre, la plus dure ! ... Tu connais ma détresse et ma pauvreté.
Donne-moi Ton eau vive !...

CHAPITRE 21

L'AMOUR PARFAIT
BANNIT LA CRAINTE

C'est humain d'avoir peur !...
Peur de la mort
Peur de l'inconnu
Peur de perdre ce que l'on possède
Peur de se laisser vider de soi-même
Peur du renoncement suprême à soi-même
Peur de souffrir au moment décisif
Peur de s'abandonner à Dieu et à Sa Parole

Même Bernadette, à laquelle la Vierge Marie était apparue, avait des craintes ! Et pourtant ne lui avait-elle pas dit un jour : « Je ne vous promets pas le bonheur en ce monde, mais dans l'autre ». Sainte Bernadette disait à sœur Marthe de Rais : « La Sainte Vierge ne m'a pas menti; la première partie de ses paroles se vérifie; ça je le tiens; je suis sûre de l'avoir ». Bernadette disait aussi : « j'ai reçu tant de grâces, je crains de n'y avoir pas bien correspondu !...» Elle redoutait beaucoup la mort ! Soeur Marthe de Rais lui disait : « Mais je ne comprends pas cette crainte, vous êtes sûre de votre affaire » « Pas si sûre que cela ! » répondait-elle... Même après que la première partie des révélations de la Sainte Vierge soient arrivées, Bernadette avait encore peur de n'avoir pas le bonheur promis dans l'autre vie !...(Tout ceci est relaté par messieurs Laurentin et Bourgeade dans leur livre « la loggia de Bernadette »)

L'homme craint ce qu'il ne connaît pas... Dieu !
L'homme craint Dieu parce qu'il ne l'aime pas ou pas assez !... Mais souvenons-nous
de la parole de saint Jean : « **L'amour parfait bannit la crainte** » (1 Jean 4, 18)

Soyons rassurés en écoutant aussi cette Parole de l'Ancien Testament : « **L'esprit de ceux qui craignent Dieu, vivra** » (Ecclésiaste).

Ne soyons pas angoissés comme ceux qui ne savent pas que Dieu est Père (Matthieu 21, 22). N'ayez pas peur, disait notre pape Jean Paul II. Dépassons nos peurs qui nous paralysent et nous empêchent d'avancer. Jésus qui connaît bien notre nature humaine n'a-t-Il pas dit :

« **Je serai avec vous jusqu'à la fin des temps** »

C'est pourquoi Il nous a laissé Son Corps et Son Sang, en nourriture, pour nous rassurer dans nos épreuves. Notre esprit, qui doit s'élaborer à partir de notre corps mortel, est éternel... Il est fait pour vivre en l'Éternité de Dieu, par la Puissance du Saint Esprit. Souvenons-nous que lorsque Jésus a ressuscité Lazare, trois jours après sa mort, son corps sentait déjà mauvais !... Mais son esprit était toujours vivant, quoique son corps commençait son travail de destruction... Jésus a redonné vie à son ami Lazare, qui est mort par la suite, naturellement comme ceux qui nous ont précédés. Ceci montre bien que l'état de notre corps soit dégradé, l'Esprit, souffle du Dieu Vivant, fait jaillir la vie de la mort.

Un jour, à la radio, on a dit qu'un homme a été réanimé, quatre heures après sa mort !… Il était tombé dans l'eau glacée ! La température de son corps était tombée à 25° et son cœur avait cessé de battre depuis 4 heures ! Mort où es-tu ? Tu n'existes que pour notre corps, pas pour notre esprit ! Quelle merveille !

Jésus a dit : « **N'ayez pas peur de ceux qui tuent le corps, mais craignez plutôt Celui qui peut tuer votre âme !** »

Le mal est tout ce qui nous entraîne loin de la vie de Dieu, notre seul bonheur ! Mourir fait si peur, dans société moderne, qu'elle est occultée. Pourtant la mort fait partie de notre vie. C'est une étape de notre croissance, dont Dieu Seul est maître.

« **Il n'y a pas d'homme qui soit maître du souffle pour retenir le souffle et il n'y a pas de maître du jour de la mort** » (Ecclésiaste 8 , 8)

Tout homme connaîtra Dieu, par Sa Puissance et par Sa Miséricorde, verra son péché.

Quand nous disons « Notre Père qui es aux Cieux» ; notre première invocation est pour Dieu, mais la dernière est pour nous : « délivre-nous du mal » : ce mal qui est aussi la mort… Quand nous disons «Je vous salue Marie» notre première prière est pour saluer notre mère du ciel, mais la dernière est encore pour nous pécheurs « priez pour nous maintenant et à l'heure de notre mort » !… Nous sommes angoissés face au mal et à la mort. Combien avons-nous besoin de dire avec foi, ces prières pour être libéré du mal… En Dieu, sont l'Amour, le bonheur, la béatitude, l'épanouissement, la délivrance, le salut, la Vie. En nous : le mal et la mort. L'amour est une relation harmonieuse d'échange entre deux êtres, tandis que le mal est enfermement ; repli total et jouissance égoïste jusqu'à la mort…

- Mourir, c'est se quitter pour rencontrer l'autre : le Vivant !…
- C'est passer de la souffrance à la joie….

- C'est quitter une vie provisoire pour la Vie Eternelle !
- Or cette Vie Eternelle est déjà commencée dans la foi...
- Naître d'En Haut, c'est accueillir l'Esprit Saint, tel que l'a décrit Jérémie.

« Je mettrai ma loi au-dedans d'eux et sur leur coeur, Je l'écrirai, Je serai leur Dieu, et ils seront mon peuple. Et personne n'enseignera plus son prochain, ni personne son frère en disant : connaissez le Seigneur, car tous méconnaîtront du plus petit au plus grand d'entre eux, car Je leur pardonnerai leur faute, et de leur péché, Je ne me souviendrai plus. (Jérémie 31, 33-34)

Celui qui accompagne un mourant, ou celui qui pleure un mort doit avoir à l'esprit que pour suivre Jésus dans Sa Pâque, dans sa résurrection, il faut accepter de passer, soi-même par le renoncement total de notre volonté pour entrer dans la volonté de Dieu. C'est l'union de ces deux volontés qui permettra d'entrer, par la foi, dans la vie éternelle. Jésus pourrait nous poser la question : « m'aimes-tu à ce point ? » « M'aimes-tu plus que ceux-ci » ou encore, veux-tu me suivre ? N'oublions pas les larmes de notre maître devant le tombeau de Lazare, ainsi que les larmes de sang à Gethsémani et au calvaire ?

C'est en Lui (le Christ) que nous avons le rachat par son Sang, la rémission de nos fautes, selon la richesse de sa grâce... C'est en Lui encore, que nous avons été choisis pour être à la louange de sa gloire... (Ephésiens 1, 14)

La source de la vie prend racine dans l'amour pour accepter la croix ... Pour nous, qui pleurons : la source de la vie prend racine dans l'amour de Jésus, manifesté sur la croix. La peur devant notre Dieu s'évanouit devant l'amour crucifié et couronné d'épines... Nous touchons alors à la tendresse de Dieu qui a renoncé à toutes ses richesses infinies, pour vivre en homme, la souffrance d'une mort ignoble pour nous faire « passer en Lui » ce passage vers la vraie Vie.

PRIERE DE SAINTE THERESE D'AVILA

Ne sois pas triste, Ô mon âme
Dieu est toujours avec toi, même si tu ne le sens pas
Dieu te protège toujours, même si tu ne le vois pas
Car tu as le souffle de son Esprit
Ne sois pas triste, Ô mon âme
Puisque Dieu inlassablement te cherche et t'attend.
« Qu'Il soit béni de m'avoir attendu si longtemps »

CHAPITRE 22

MOURIR C'EST ALLER VERS LE CHRIST

Mourir, c'est aller vers le Christ
(Philippiens 1-22)

Que de fois j'ai entendu dire par une vieille personne : le bon Dieu n'est pas encore venu me chercher ! A force de se préparer à mourir, à force de dire leur chapelet, elles sont entrées facilement dans la vérité : « Dieu nous attend...» comme le disait sainte Thérèse d'Avila. « Vite, vite, mon « amant » est pressé »... » disait à son bourreau, sainte Gertrude.

Jean Harand, prêtre, dit : « Ma tâche à moi est de vous dire ce Jésus Sauveur auquel je crois : tout homme est pécheur, mais au soir de sa vie, Dieu dit à chacun « ce soir même, si tu le veux, tu seras avec moi en paradis ».

Dieu est la dimension infinie de l'homme. Dieu est le prolongement créateur de notre existence. C'est le but de notre vie : « devenir UN avec le Christ ». Jean Harand nous dit encore : « Je crois que la tendresse de Dieu irradie le coeur de tout homme, même s'il ignore jusqu'à son nom...

Je crois que la Miséricorde de Dieu peut donner à tout homme d'être librement vaincu par l'amour ... Telle est ma foi et je sais en qui j'ai mis ma confiance ».

L'apôtre Paul déclare que : « **Dieu nous a fait entrer dans le Royaume du Fils de son Amour ; en Lui, nous sommes délivrés, nos péchés sont pardonnés. Il est l'image du Dieu invisible... Tout est créé par Lui et pour Lui... Il est le commencement, Premier né d'entre les morts... Ayant établi la paix par le Sang de Sa Croix.** (Colossiens 1,13-20)

C'est avec action de grâce, que nous pouvons chanter notre Seigneur Jésus, qui nous : « **Rend capables d'avoir part à l'héritage des saints dans la lumière** » (Colossiens 1,12)

Par pure grâce, notre enfant a été convié à prendre part à la joie de cet héritage... Enfant de Dieu, arraché au pouvoir des ténèbres, par la Puissance de Jésus, Il est entré dans la Royaume du Père, délivré par Jésus, pardonné en Jésus.

« **Dieu vous a réconciliés grâce au corps périssable de son Fils, par Sa Mort, pour vous faire paraître devant Lui, saints, irréprochables, inattaquables** » (Colossiens 1,22)

Notre enfant est entré avant nous dans la Puissance de Miséricorde du Christ !... Pour nous, par la foi c'est-à-dire la confiance en Notre Père des Cieux, nous allons entrer dans le concert des anges, pour remercier le Seigneur pour sa Puissance de résurrection et Sa Miséricorde.

PRIÈRE

Seigneur, merci d'avoir donné Ta Vie, à mon enfant.

Seigneur, merci de lui avoir pardonné toutes ses fautes.

Seigneur, merci d'avoir payé pour lui, à la Croix, le prix de ses faiblesses.

Seigneur Jésus, merci pour toute Ta compassion et Ton Amour pour lui.

Seigneur Jésus, loué sois-Tu parce que Tu es venu dans ce monde pour briser la mort et manifester Ta Victoire !...

Amen.

CHAPITRE 23

MON CIEL A MOI
C'EST TOI

« Seigneur mon partage et ma coupe, c'est Toi, Tu m'apprends le chemin de la vie, devant Ta Face, débordements de joie, à Ta Droite, Eternité de délices !...
(Psaume 15)

« Toute chair viendra se prosterner devant Moi, dit le Seigneur »
(Isaïe 66, 23)

Mon bonheur, c'est Toi, mon Dieu, voilà le cri de notre enfant, voilà la joie de celui qui nous a quitté, tandis que pour nous qui continuons à vivre dans l'obscurité de la foi, la souffrance de la séparation est dure, parfois intolérable, parce que nos yeux ont quitté la croix de Jésus, pour regarder notre propre croix. Par la souffrance de Jésus, endurée par amour, notre enfant ébloui, voit son Seigneur, dans un débordement de délices. Par la souffrance de cette même croix, je peux accéder déjà, en esprit, dans la foi, à la résurrection du Christ.

Cependant mon coeur est labouré par la souffrance !...
Je me retrouve devant toutes ces peurs, que j'avais voulues oublier :
Peur de perdre et j'ai «perdu» mon enfant.
Peur de souffrir et je n'arrête pas de souffrir !

Peur de mourir, la mort me fait horreur,
Comment Dieu permet-Il cela ?
Peur, enfin, de me voir, comme je suis, avec mon péché...

Moi, qui avais fait confiance à Dieu, voilà que je ne puis plus entendre dire que Dieu est Bon, dans un tel drame !... Sans m'en rendre compte, je fais marche arrière : je laisse entrer, à nouveau, la révolte et la contestation. En même temps, je sais bien, que je suis impuissante devant la mort et que Dieu reste le maître de tout ...Dieu sait combien nous sommes faibles ! Il est encore tout près de son fils, de sa fille, qui a du mal à faire comme Jésus, accepter l'inacceptable, accepter la souffrance et la mort. Mais qui peut ressusciter, s'il ne meurt ? Qui peut goûter la joie de l'Éternité de délices, sans se soumettre à la volonté du Père ? Jésus nous a montré le chemin : ce n'était pas un chemin de délices, mais le chemin étroit et resserré de l'obéissance à la volonté du Père sur Lui... J'ai été créé(e) à l'image de Dieu, pour Lui ressembler. Mon chemin est donc de suivre, Jésus, son Fils... dans la certitude qu'Il est le Chemin, la Vérité et la Vie.

« Dieu m'aime et veut former en moi l'image de son Jésus... » Résiste mon âme ! La croix, c'est le ciseau avec lequel Dieu façonne ses élus. Il en a été toujours ainsi. » (P. Raniero Cantalamessa)

La Vierge Marie n'a pas connu ces révoltes par rapport à la volonté du Père; au contraire, Elle était soumise à son Seigneur, dans l'incompréhension sans doute, de l'immense mystère qu'elle vivait. Se soumettre à l'épreuve, dans la confiance totale dans le Seigneur, voilà le comportement de Marie, lors du supplice de son fils unique... D'ailleurs, n'avait-elle pas dit « Faites tout ce qu'Il vous dira »... Jésus redira qu'Il est le chemin de la vie Éternelle, comme cela nous avait été dit par les prophètes ! Mais, de plus, dans sa Propre Chair, Il montrera à ses apôtres, qu'Il est le vainqueur de la mort : « Le Verbe est venu accomplir les Ecritures ». Marie, simplement faisait confiance aux paroles de son fils en « les retournant dans son coeur ». Les gardant, sachant, qu'elles sont vraies.

PS AUME 85

N'est-ce pas Toi qui reviendras nous faire vivre ?
Et qui sera la joie de ton peuple ?
Montre-nous Ta Fidélité, Seigneur
Et donne-nous ton salut
Le Seigneur lui-même donne le bonheur
Et notre terre donne sa récolte
La Justice marche devant Lui
Et ses pas tracent le chemin.

Tant que je n'aurai pas, de plein gré, donné toute ma confiance, toute ma volonté au Seigneur, je vais patauger, entre toutes ces étapes du deuil... Donner ma confiance, c'est mettre ma foi en Jésus, c'est-®§-dire me tourner totalement vers Dieu, en décidant de faire ce qu'Il dit !... Sinon, je vivoterai en traînant mon intolérable souffrance : je peux alors passer de la protestation et la révolte, à l'envers de la médaille : la tristesse et la peur. La protestation et la révolte contre Dieu utilisaient cette agressivité en moi. Puis, par manque d'élan combatif, par manque de force, je vais être attiré par la dépression et la peur de Dieu, qui résume toutes mes peurs personnelles. Dans cet état de dépression, l'angoisse est là ! Trois possibilités s'offrent à nous :

1) Se laisser couler, et entrer dans un état suicidaire, car on ne voit pas d'issue. Les autres deviennent presque des ennemis, car ils ne comprennent pas mon immense chagrin !...

2) Basculer dans la protestation et l'agressivité par la révolte contre Dieu.

3) Me tourner vers mon Sauveur Jésus crucifié pour nous sauver des ténèbres, de la tristesse et la mort. Me tourner vers Jésus Ressuscité, dans un esprit de totale conversion, pour entrer avec la Vierge Marie dans l'acceptation et l'offrande, comme elle, en m'attachant fortement et définitivement à Jésus. Cela pourra même aller, dans mon esprit étroit à pardonner à Dieu, la mort de mon enfant. N'oublions pas que pour Marie, aussi, le plan d'amour du Père était très douloureux !... La conversion, la nouvelle attache au Seigneur est la clé de l'épreuve !... Alors la paix de Dieu, viendra mettre un terme à l'agitation de mes pensées... Alors je ne serai plus dans le désir orgueilleux de tout maîtriser... Mais dans l'humilité et l'acceptation de ma pauvreté (humaine, affective et morale). Pour suivre Marie, dans ce désir d'être, comme Elle, soumise, dans la foi, au Seigneur, il faut prier, prier !... Car c'est un passage de la mort à la vie de l'Esprit.

CHAPITRE 24

JETTE-TOI EN LUI

Pourquoi me convertir ? Qu'est-ce que cela signifie ? Ne suis-je pas catholique ? Raniero Cantalamessa, prêtre auprès du Saint Père me dit : « Se convertir signifie croire à la Bonne Nouvelle que le salut est offert à l'homme, comme un don gratuit de Dieu. Se convertir signifie saisir le Royaume qui est là et tout donner en échange du Royaume. »

Saint Augustin nous dit cela avec une simplicité déconcertante : « Jette-toi en Lui, n'aies pas peur, Il ne se retirera pas, Il ne te laissera pas tomber. » Tout le combat spirituel et psychologique que je mène, trouvera sa fin dans ma totale conversion. Je vais trouver une paix inaltérable dès l'instant, où je me serai soumise à la volonté d'amour de mon Dieu sur moi. « N'aies pas peur » résonne au travers de l'Evangile et de toute la Bible, tant de fois ! Qu'est-ce qui me retient encore de plonger dans le Seigneur, corps et âme ?... Il y a encore en moi, des hésitations !... Je ne suis pas loin du marchandage avec Dieu !... Tu m'as pris mon enfant, donne-moi… Tu me dois bien cela… Là, n'est pas encore l'amour parfait, l'amour total qui est « don, offrande gratuite ». Jésus s'est donné pour moi, pour mon enfant en rançon... Je me donne à mon Seigneur et mon Sauveur. Je donne ma vie, ma liberté à Dieu et je reçois de Lui, l'héritage des enfants de Dieu : l'Esprit Saint. Dans cet échange, je n'y perds pas !... J'y gagne la Vie, le Royaume, où déjà mon enfant m'attend dans la louange céleste.

Depuis que l'humanité existe, cette blessure d'amour qu'est le deuil d'un enfant existe... Déjà Dieu donnait à ses prophètes de l'Ancien Testament des prières pour consoler les coeurs brisés. Plus près de nous, saint Ambroise nous dit : « qu'il suffit de lire les psaumes pour avoir de quoi guérir les blessures de sa souffrance par un remède approprié » Depuis la venue de Jésus, nous avons la Présence de Marie qui a goûté comme nous à l'amertume du deuil... Mais en Marie, notre mère, il n'y a pas de marchandage, pas de dépression, pas de révolte, mais une soumission totale à la volonté du Père, qui accomplit par elle, un projet infiniment grand ...

PRIÈRE

Sur le chemin rude et rocailleux, j'ai besoin d'un appui,
J'ai besoin d'une personne qui, comme Toi, Ô Marie,
As vécu ce que je vis et me comprenne par le coeur.
Jésus t'a donné à Jean, pour mère,
Afin de le guider sur le chemin de la foi.
Moi aussi, j'ai besoin de Toi, Ô Vierge Mère...
Tu n'as rien dit de ta souffrance devant Ton Fils en Croix !...
L'Esprit Saint en silence, était prière en Toi !...
Ton coeur douloureusement s'agrandissait aux dimensions du coeur de Dieu.
Moi aussi, comme Jean, je Te choisis pour mère
Tu connais mon combat !... Écoute ma prière.
Je viens simplement vers Toi, te demander de l'aide,
Dans mon désarroi, dans mes doutes, soutiens ma foi.
Guide-moi vers Jésus, quand je ressens en moi ;
 Crier l'absence de mon enfant bien-aimé...
Je veux te chanter Marie,
Et Te dire simplement : Ave ! Ave ! Ave !...

CHAPITRE 25

LA SOURCE DE LA JOIE

La source de la joie, c'est le Coeur du Christ.

Tandis que monte en nous la tristesse, tournons-nous vers la « source de la joie » : Jésus qui se propose à nous, caché dans l'eucharistie pour se laisser chercher ! Jésus qui vient à nous dès que nous Le désirons ! Jésus qui nous attend, sans cesse…

« Lui qui renonçant à la joie qui Lui revenait, endura la croix au mépris de la honte et s'est assis à la droite du Père » (Hébreux 12, 2)

Pedro Arrupe, jésuite nous montre le secret de cette joie : la source de la joie, c'est le Coeur du Christ, symbole de l'Amour Infini de Dieu pour nous.

« Lui qui a tant aimé le monde, qu'Il a donné son Fils Unique. » (Jean 31, 6)

La souffrance et la croix passeront, mais la joie donnée par Jésus demeure, car c'est Lui la source. C'est pourquoi, je vis dans l'épreuve par le Christ, avec le Christ, dans la communion au Christ. Dans son abaissement, dans son incarnation, dans sa passion, dans sa mort, Il a tout porté... Et par Sa Résurrection, Il a tout transformé.

Son Corps Eucharistique, source de vie, me donne la joie. Le Père nous a donné son Fils Unique et moi aurais-je assez de confiance en Lui, pour Lui donner mon enfant ?

Donner c'est accepter d'être privé !... C'est accepter aussi d'entrer dans le Coeur de Jésus, qui n'est que don. Or pour entrer dans le Coeur de Dieu, il n'y a que l'échelle de la prière... Aimer c'est donner, car pour donner, il faut aimer ! Pour donner, il faut accepter d'être « pauvre en amour » parce que pauvre sans amour. La vie est un appauvrissement jusqu'à notre mort, après avoir été une croissance. Mais Dieu vient nous enrichir, alors de Sa Présence, et ce qui peut paraître aux yeux des hommes, comme une décroissance, est en réalité, une ascension vers le Royaume.

CHAPITRE 26

LA SOUFFRANCE

L'homme s'est toujours posé le problème de la souffrance qui existe en toute vie. Le livre de Job est un poème qui explique le comportement de l'homme qui souffre face à Dieu. Jésus, Lui, n'a pas expliqué la souffrance. Il l'a vécu, humblement en obéissance à la volonté du Père, qui a envoyé son Fils pour sauver le monde. La volonté du Père n'était pas de faire souffrir son Fils aimé... Mais de l'envoyer dans notre monde de ténèbres, de souffrance et de mort, pour nous tirer à travers tout ce mal vers le Royaume. De plus, en signe de ce Royaume, Jésus a guéri ceux qui venaient à Lui... a chassé les démons... a ressuscité les morts... gratuitement en signe de Son Amour, qui lui a fait accepter l'inacceptable de la part des hommes qu'Il est venu sauver !...

« Croyez, croyez donc à cause des signes. »
« N'ayez pas peur, J'ai vaincu le monde » nous dit Jésus

Dieu s'est fait faible en Jésus homme, pour nous manifester Sa Puissance Divine d'Amour et de guérison c'est-à-dire guérison du corps. Dieu est vainqueur de toute maladie et guérison du coeur, car Jésus est Notre Sauveur

- Si nous souffrons, sachons que Jésus souffre avec nous, en nous.

- Si nous mourons, sachons que Jésus est notre Résurrection, car la mort vient du diable qui est « homicide depuis le commencement » mais Jésus est venu dans ce monde pour « **détruire les oeuvres du diable** » (1 Jean 3, 8).

De plus le Seigneur veut mettre notre coeur au large... Il nous dit « **prenez sur vous mon joug, il est léger** » (Matthieu 11, 30) En effet la Volonté du Seigneur n'est pas de faire souffrir ses enfants, mais grâce à Sa volonté exprimée par sa loi d'Amour, le Seigneur veut construire dès ici-bas son Royaume d'amour. Le joug du Seigneur n'est pas une loi pesante, mais un élan d'amour, qui avec notre volonté de faire Sa Volonté, nous entraîne dans Sa résurrection, Sa Vie Divine... Son Amour qui ne s'éteint pas... Sa vie éternelle... C'est pourquoi saint Paul dit :

« Ni la mort, ni la vie, ni les anges, ni les dominations, ni le présent, ni l'avenir, ni les puissances, ni les forces des hauteurs, celles des profondeurs, ni aucune créature, rien ne pourra nous séparer de l'Amour de Dieu manifesté en Jésus Christ, notre Seigneur » (Romains 8, 37).

Oui, mais... Direz-vous, je souffre terriblement !...
Regardons Jésus **Lui, qui insulté ne rendait pas l'insulte**
Lui, qui frappé ne rendait pas les coups
Lui, qui humilié, ne montrait pas sa Puissance divine
Lui, qui couvert de crachats, en supportait l'odeur nauséabonde
Lui, qui sait tout, voit tout, connaît tout,
Lui, qui est sans péché, a pris tous nos péchés sur Lui
Lui, qui s'est laissé condamner comme un criminel
Lui, qui est le Roi du monde, le Créateur et le Sauveur,
Lui, qui a accepté la dérisoire et douloureuse couronne d'épines
Lui, qui est passé en faisant le bien, est recherché pour être mis à mort à cause de ses oeuvres de miséricorde pour les hommes qu'il aime d'un amour d'éternité.

Lui, qui est mort, pour que le monde soit sauvé.

Lui, qui détient la vie, la Puissance et la Gloire,

Lui, qui a accepté d'être défiguré par les coups, dans un supplice inouï

Lui, qui est descendu du ciel, pour nous amener au Père

Lui, qui s'est fait chemin vers le Père à travers la croix

Lui, qui nous donne son corps, Sa Parole et son Esprit Saint, chaque jour de notre vie.

Ecoutons la voix de notre berger qui nous dit : « **Ne craignez pas, j'ai Vaincu le monde** »

« **N'ayez pas peur... Quiconque croit en Moi, ne demeure pas dans les ténèbres** » (Jean 12, 46).

Saint Paul nous dit encore pour nous rassurer :

« **J'estime que les souffrances du temps présent sont sans proportion avec la gloire qui doit être révélée en nous** » (Romains 8, 18).

CHAPITRE 27

CONTEMPLE TON SEIGNEUR

Tes yeux contempleront ton Roi dans sa beauté.
(Isaïe 32, 17)

Quand tu souffres, contemple ton Seigneur, qui est venu sauver ce qui était perdu !... Je souffre quand je ressens ce « manque d'amour » ma pauvreté et ma solitude ... Le Seigneur est venu, justement, transformer la mort en vie, le deuil en joie ... Pour cela Lui-même, a voulu prendre chair et partager notre vie !... Rempli de l'Esprit de Dieu, Jésus, le Messie a été :

« **Envoyé pour porter joyeux message aux humiliés**
« **Panser ceux qui ont le coeur brisé**
« **Proclamer aux captifs, l'évasion**
« **Aux prisonniers, l'éblouissement,**
« **Proclamer l'année de la faveur du Seigneur,**
« **Mettre aux endeuillés de Sion, un diadème...**

« **Oui ! Leur donner ce diadème et non pas la cendre**
« **Un onguent marquant l'enthousiasme et non pas le deuil !**
Un costume accordé à la louange... »
(Isaïe 61, 1-2)

L'amour du Père est d'envoyer le Fils, Messie de Dieu, consoler ceux qui pleurent en leur donnant son Saint Esprit « **Ils étaient en deuil, Je les parfumerai avec l'huile de la joie** » (Isaïe 61, 3).

- Si je reconnais ma pauvreté, le Seigneur me remplira de son Amour... Ma difficulté, c'est d'oser lever les yeux vers mon Seigneur, de contempler les souffrances, par lesquelles, nous sommes sauvés de la mort...

- Le regard de Dieu sur moi est un regard de compassion ... C'est tout juste si Jésus n'est pas à mes pieds pour me demander pardon de la peine infligée par ce deuil.

- Dieu souffre en nous et avec nous et Il nous dit : « **Ils étaient dans le désespoir, JE leur donnerai des habits de fête** »

- Je n'accepte pas l'inacceptable !... Jésus, Lui a tout accepté pour que mon enfant vive de sa vie et que moi aussi, dès maintenant, par la foi, j'entre dans la joie du Royaume. Le Seigneur veut guérir aujourd'hui, l'énorme blessure du départ de mon enfant vers Lui.

« **Dieu nous a destinés à entrer en possession du salut par Notre Seigneur Jésus Christ, mort pour nous, afin de nous faire vivre avec Lui, que nous soyons encore éveillés ou déjà endormis dans la mort** » (I Thessaloniciens 5, 9b-10)

Pour connaître Jésus et le don extraordinaire de sa vie pour notre vie ; « pour connaître Jésus et contempler son mystère, cela suppose un don radical de soi » nous dit Guy de Kerimel. Ce don radical est l'offrande de cette partie de nous-mêmes qu'est notre enfant. Là nous rejoignons l'offrande silencieuse de la Vierge Marie au pied de la croix, en ayant pour seul trésor les paroles de Jésus. En lisant l'Évangile, nous pouvons nous accrocher aux Paroles de Dieu, en sachant que toutes font ce qu'elles disent. Emparons-nous du trésor qu'elles nous découvrent. **Toutes sont créatrices de Vie !...**

CHAPITRE 28

QUE TA VOLONTE
SOIT FAITE

« Or la volonté de Celui qui m'a envoyé, c'est que je ne perde aucun de ceux qu'il m'a donnés, mais que je les ressuscite au dernier jour. »

(Jean 6, 39)

Beaucoup de personnes, après un deuil, se disent : « que la volonté du Seigneur est dure ! » sans réaliser que cette volonté d'amour ne désire pas la souffrance d'un père ou d'une mère, accablé par la séparation de son enfant. Le Seigneur veut nous combler de bonheur, dès ici-bas, en nous comblant de Son Esprit Saint qui est le plus grand des biens, qui nous fait vivre en Dieu dès maintenant, avant de nous faire vivre éternellement en Lui. Quand Jésus nous invite à demander et ainsi à recevoir, c'est avant tout pour demander l'essentiel pour cette vie : l'Esprit qui fait traverser la mort !... Dieu veut accorder des biens terrestres à ses enfants. Comme un Père, Il sait mieux que nous, ce qu'il nous convient... et s'il ne nous accorde pas tout ce que nous demandons aujourd'hui, c'est pour nous accorder, bien plus demain ! Nous ne le comprendrons que si nous acceptons d'entrer dans son plan, dans sa Volonté, avec l'Esprit Saint... Quand nous disons :

« Notre Père qui es aux cieux...
Que Ta volonté soit faite sur la terre comme au ciel... »

Nous disons que le ciel est la réalisation de la Volonté de Dieu : Contempler le Père admirable, adorable, dans Sa Splendeur et son Fils Jésus Christ, mort pour nous et ressuscité des morts.
- L'Esprit nous entraînant dans cette louange béatifique !...
- L'Esprit nous guide dans le sens de cette vie de louange bienheureuse
- L'Esprit nous révèle, qu'à travers l'épreuve, nous pouvons déjà goûter la joie de la résurrection, sachant que Dieu nous fait vivre dans la joie de Sa Présence par la foi.

Dans l'Évangile de Saint Luc (11, 1-13) : Jésus nous invite à demander pour recevoir, mais à chercher pour trouver !... C'est-à-dire chercher Dieu pour Le rencontrer et voir toutes choses, en Lui et par Lui. Ainsi, tout ce que nous demanderons pour cette vie terrestre, sera dans l'Esprit du Royaume !... nous rappelant que si nous demandons du pain nécessaire pour vivre, combien plus est nécessaire la Parole de Dieu qui nous crée et nous recrée. Nous passons ainsi de la désespérance à l'espérance. « Bienheureux ceux qui sont traînés par l'Esprit. Plus Heureux ceux qui sont conduits par l'Esprit. Mais « Heureux sans limite ceux qui sont enlevés par l'Esprit. » (Bernard de Claivaux).

Entrons donc dans la prière de Jésus, comme on entre dans la Royaume ... Avec la confiance de l'enfant de Dieu, qui sait que son Père ne veut que son bonheur. Demandons le pain de ce jour, le pain de la Parole qui nous guide et l'Esprit qui nous fait vivre et nous serons profondément heureux, malgré le deuil...

Chant
Viens Esprit du Seigneur, mon âme a soif de Toi
Viens Esprit du Seigneur, Amen ! Maranatha !
Dieu nous a donné son Fils unique
Il a fait de nous ses enfants d'adoption

Vous avez reçu un Esprit de Fils
Qui chante en vos coeurs l'Amour du Père
Voyez comme est grand l'Amour du Père
Pour que vous soyez appelés ses enfants
Laissez-vous guider par l'Esprit de Dieu
Et vous deviendrez des fils de Dieu.
(Création du Verbe de Vie)

CHAPITRE 29

SUPREME DEMANDE

Là où Je suis, Je veux qu'ils soient.

(Jean 17, 24)

« Père, ce que Tu m'as donné, je veux que là où Je Suis, Moi, ceux-là aussi soient avec moi, pour qu'ils voient ma gloire, la mienne, que Tu m'as donnée, parce que Tu m'as aimé avant la fondation du monde. Père Juste, le monde, lui, ne t'a pas connu, mais Moi, Je T'ai connu, et ceux-ci ont connu, que c'est Toi qui m'as envoyé. Je leur ai fait connaître Ton Nom et le leur ferai connaître, pour que l'Amour dont Tu m'as aimé soit en eux, et Moi aussi, en eux. » (Jean 17, 24 suivant).

Cette suprême demande de Jésus est la prière d'intercession la plus grande qui soit !... Que là où se trouve notre Sauveur, se trouvent ceux que le Père a donnés pour être rachetés et introduits dans la Gloire. Qu'ils jouissent, eux aussi, de cette Gloire donnée par le Père, à son Fils !

Celui qui reconnaît que le Père dans son Amour pour l'homme a envoyé le Fils, est introduit par Jésus dans la Gloire, par pure grâce, par pure Miséricorde ! En effet Jésus nous a révélé que la Vie Eternelle, la seule vraie vie, est contemplation, louange du Père et du Fils, dans l'Esprit. Jésus est cet Amour incarné et donné, pour nous introduire, dans la sainteté de Dieu. Il nous a donné l'Esprit pour connaître cet Amour inépuisable du Père pour ses enfants, pour notre enfant. Comment Lui, Jésus qui implore le Père pour avoir auprès de Lui ses enfants, qu'Il rachète de son Sang, ne comprendrait-Il pas la prière d'une mère pour son fils, pour sa fille ? :

- Le premier désir d'une mère est que son enfant vive !…
- Le premier désir de Jésus est de lui donner cette vie infinie, pour qu'il jouisse avec Lui, par Lui de cette gloire !
- Qui peut comprendre le poids de Gloire que Dieu veut donner à notre enfant ?
- Qui peut entrevoir le prix sans équivalence que le Père a donné pour cela ! ?
- Qui peut mesurer cette grandeur, hauteur, largeur de l'Amour de Dieu ? Celui qui contemple le Fils en croix, contemple l'Amour du Père : le Fils entraîne à sa suite, auprès de Lui, ceux qui voient en Lui, l'oeuvre du Père :

« **Car le Père lui-même vous aime, parce que vous m'avez aimé, et que vous avez cru que Moi, Je suis venu d'auprès de Dieu.** » (Jean 16, 27)

La suprême demande de Jésus est la fin d'une grande prière qui commence ainsi :
« **Père, elle venu l'heure ! Glorifie ton Fils, afin que ton Fils Te glorifie, selon que Tu Lui a donné pouvoir sur toute chair, afin qu'à tous ceux que Tu lui as donnés, Il donne à ceux-là, la Vie Eternelle. Et telle est l'Eternelle Vie, qu'ils Te connaissent : Toi, le Seul Véritable Dieu, et celui que Tu as envoyé, Jésus Christ.** (Jean 17, 4)

Jésus au début de sa grande prière avant sa Passion, sa mort, sa Résurrection, parle de la Gloire qu'il va recevoir de Son Père et de la Gloire qu'Il va donner à Son Père !… Je suis profondément émue en pensant à la grandeur de cette Gloire à laquelle, Il veut faire participer chacun de ses enfants… Jésus a quitté Sa Gloire pour introduire ceux qui croient en Lui, dans Sa Gloire !… La prière de Jésus, n'est-elle pas toujours exaucée par le Père ?

« **Père, Je sais que Tu m'écoutes toujours.** » (Jean 11, 41)

Pouvons-nous abandonner dans les bras de ce merveilleux Père, l'enfant qu'Il nous a donné pour qu'il entre, lui aussi, dans la Gloire à la suite du Fils ? Puissions-nous connaître aujourd'hui le grand Amour dont nous sommes aimés en Jésus Christ !

« **C'est pourquoi, je fléchis les genoux devant le Père, de qui toute famille tient son nom, au ciel et sur la terre ; qu'Il daigne selon la richesse de Sa Gloire, vous armer de Puissance par son Esprit, pour que se fortifie en vous l'homme intérieur et qu'Il fasse habiter le Christ en vos coeurs par la foi : enracinés et fondés dans l'Amour, vous aurez ainsi la force de comprendre, avec tous les saints, ce qu'est la largeur, la longueur, la hauteur, la profondeur... Et de connaître l'Amour du Christ qui surpasse toute connaissance, afin que vous soyez comblés jusqu'à recevoir toute la plénitude de Dieu.** » (Ep 3, 14-19)

Ce long passage de la lettre aux Éphésiens me ravit, car par la prière de saint Paul nous entrevoyons ce qu'est l'Amour immense du Père pour nous, dans la tristesse et les pleurs :

- Nous voyons qu'au ciel comme sur la terre, notre famille tient son Nom de Dieu : en effet, nous sommes devenus parents, par l'extrême grâce qui nous a été faite de transmettre la Vie de Dieu. Nous ne possédons pas cette Vie, nous la transmettons de générations en générations.
- La splendeur et la grandeur du don de Dieu qui nous a fait confiance pour transmettre sa Vie !...
- C'est l'Esprit Saint qui nous donne Jésus, et qui nous fait connaître cet Amour qui est au-delà de toute connaissance. Prions l'Esprit Saint de nous remplir jusqu'à l'intime de l'être.

JE SUIS TON ENFANT

Seigneur, je suis ton enfant racheté à grand prix

Seigneur, je sais que tu m'aimes car tu n'as pas reculé devant la mort pour m'entraîner dans ta vie…

Seigneur, je suis accablé de tristesse et tu as connu cette même tristesse à Gethsémani. Délivre-moi de cette angoisse qui m'étreint depuis la mort de mon enfant !

Seigneur, je désespère parfois, je crie vers Toi qui as crié aussi vers le Père, sur ta croix : « mon Dieu, mon Dieu, pourquoi m'as-tu abandonné. »

Seigneur, tu connais toutes mes souffrances et toutes celles que mon enfant a endurées. Par ta victoire sur la mort, délivre-moi du mal.

Seigneur je mets mon espoir en Toi, en Toi Seul. Je ne comprends pas pourquoi tant de souffrances, mais à travers ce mal, Tu me montres la vie en Jésus Ressuscité et Glorieux qui se manifeste à ses disciples. Amen

CHAPITRE 30

C'ETAIT
UN BEAU GARCON

C'était un beau garçon ! Un petit être vivait en moi !

- Mon enfant, c'était ton enfant !

Je l'aimais, mon mari aussi l'aimait déjà ! Quelle joie et combien d'Alléluia, je voulais Te dire pour cet enfant. J'ai mal, car je ne peux plus lui donner mon amour et en recevoir de lui. Mon enfant, c'était ton enfant ! Je crois Seigneur, que Tu donnes la Vie. Je crois que Tu ne cesses de créer avec un papa et une maman !... Je crois que Tu ne cesses de donner Ta Vie Divine par Ta Parole, par Ton corps livré, par Ton Esprit de Vie et de Résurrection... Je crois que Tu es maître de tout et que tu veux laisser à chacun la liberté d'être et de faire.

Je ne crois plus que Tu sois un Dieu d'Amour : Tu m'avais donné cet enfant et Tu l'as repris. Je crie vers Toi !... Tu sais la douleur de la séparation d'avec ce trésor, que Tu créais en moi !... Je ne comprends pas ! Je me révolte contre Toi !... **Pourquoi, pourquoi, M'as-Tu abandonnée ?** Que me répondras-Tu Seigneur ! ?

- Mon enfant bien-aimé,

Je voudrais te redire combien JE t'aime d'un Amour d'Eternité.
Je Suis avec toi dans ton épreuve (Psaume 90)
Je veux te consoler sur mes genoux !

Comme une mère caresse son enfant ! (Isaïe 66, 12)

Je sais ta douleur :

Mes entrailles en moi sont bouleversées ! (Jérémie 4, 19)

Donne toute ta souffrance, Je l'ai portée à la croix…

Je suis mort et voici que Je Suis vivant ! (Apocalypse)

Pour t'entraîner dans ma résurrection, dans ma vie, dans ma joie.

J'ai créé ton enfant pour la joie de vivre avec Moi!

Donne-moi ton enfant. Il est à moi !

Donne-lui un Nom et offre-le moi comme le don le plus précieux !

Je l'aime, oui, Je l'aime et Je t'aime !…

Je veux te combler de mon Amour !

Ton enfant est dans la Gloire, Ma Gloire.

Si tu pouvais le voir, tu serais émerveillée de son bonheur !

N'aies pas peur de couper ce cordon d'affection et de tendresse qui te relie à lui !

Je connais ta révolte contre la mort inhumaine pour laquelle JE suis venu sur la terre. Mais « **Gardez courage, J'ai vaincu le monde** » (Jean 16-33)

Rappelle-toi : « **Je Suis la Résurrection et la Vie !…** » (Jean 11, 25)

Je ne veux pour toi que la paix, le bonheur ! Regarde ma mère !

Imite ma mère qui n'a voulu que ce que Dieu a voulu pour elle, à travers des chemins douloureux !

Pour moi aussi « **Ma nourriture, c'est de faire la volonté de mon Père.** » (Jean 4, 34) Or la volonté du Père n'est pas souffrance et mort, mais à travers les souffrances et la mort de donner la vie !…

« Or la volonté de celui qui m'a envoyé (dit Jésus) c'est que Je ne perde aucun de ceux qu'Il m'a donnés, mais que Je les ressuscite au dernier jour. Telle est en effet la volonté de mon Père : que quiconque voit le Fils et croit en Lui, ait la vie éternelle ; et Moi Je le ressusciterai au dernier Jour. » (Jean 6, 39)

J'ai accepté de devenir un enfant fragile et nu entre les bras de Marie et Joseph, pour faire accéder tous mes enfants dans la Vie de mon Royaume !…

« Je Suis venu pour que vous ayez la vie en abondance. » (Jean 10, 10) **« Venez à Moi, vous tous qui peinez et ployez sous le fardeau, Je vous donnerai le repos. Je Suis doux et humble de coeur. »** (Matthieu 11, 28) **« Voilà pourquoi le Fils de l'Homme a paru, c'est pour détruire les oeuvres du diable. »** (1 Jean 3, 8) **Car le diable est homicide depuis le commencement !** (1 Jean 3,8)

Je me sens toujours démunie face à la souffrance d'un frère ou d'une soeur en Christ, car je sais que devant une souffrance aussi horrible que la mort d'un enfant, il n'est aucune consolation humaine possible !... Je suis très émue en pensant que Jésus a pleuré devant la mort de son ami Lazare ! Quelque temps auparavant, Jésus a parlé du Pain de Vie, de la Volonté du Père qui est Vie éternelle ; et là, devant la mort à l'oeuvre, le Seigneur Jésus pleure son oeuvre de vie détruite pour un temps, car Il reste le maître de la Vie ! Lui l'Agneau vainqueur !... Jésus nous apprend ce qu'est la compassion : qui est souffrance partagée : larmes précieuses devant ce désastre ! Mais tout n'est pas fini : Dieu est proche des coeurs brisés pour les consoler, pour les délivrer du mal, de tout mal !…

Pour un enfant mort dans le sein de sa mère (sans volonté de lui donner la mort par avortement) :

- Dire le Notre Père… délivre-nous de tout mal, car c'est à Toi qu'appartiennent le Règne, la Puissance et la Gloire !
- Donner un Nom à l'enfant qui est dans la Gloire de Dieu
- Penser au sacrement des malades pour la maman afin que ce ventre où il y a eu la mort, puisse porter la vie, si Dieu veut !…
- Louer le Seigneur qui est toujours créateur de Vie !
- Penser au bonheur de son enfant racheté par Jésus !…

- Aimer c'est donner : faire l'offrande de son enfant à « Papa Bon Dieu » qui lui a donné le bien au dessus de tout bien : le Royaume !
- Remercier le Seigneur pour cet enfant parti trop tôt !

Pour un enfant mort par avortement, allez voir un prêtre.

CHAPITRE 31

L'ESPERANCE

« Le dernier ennemi qui sera détruit, c'est la mort. »
(1 Corinthiens 15, 26)

« **Par un seul homme, est venue la mort ; c'est par un homme aussi que vient la résurrection des morts, comme tous meurent en Adam, en Christ tous recevront la vie, mais à chacun selon son rang… Le dernier ennemi qui sera détruit, c'est la mort** » Saint Paul aux Corinthiens (1Co 15, 26)

Adam et Eve, avant la chute, étaient tout tournés vers leur Créateur. Ils vivaient en Sa Présence !… Il est dit (Genèse 3-8) :
« **Ils entendirent le pas du Seigneur Dieu qui se promenait dans le jardin à la brise du jour** »

Et nous, vivons-nous en La Présence de Dieu ? Cette vie de relation de Dieu avec ses créatures a été brisée par Eve et Adam, quand ils ont cessé de mettre leur confiance en Dieu pour écouter la voix du Malin symbolisé par le serpent (en hébreu : le rusé, mais aussi celui qui est nu et encore celui qui se moque). En effet Adam et Eve se sont retrouvés « nus » lorsqu'ils ont détourné leur regard de la volonté de Celui qui leur avait donné la vie ! Mettons-nous notre confiance en Dieu qui nous a créé ? Est-ce que nous lui donnons la louange qui Lui est due ! ? Saint Paul nous dit « **c'est par un homme que vient la résurrection des morts** » : le Seigneur Jésus qui était mort ! Pour en être bien sûr, le garde n'a-t-il pas transpercé le côté de Jésus ? Pour en être bien sûr de cette mort, le tombeau n'était-il pas gardé ? « Une lourde pierre barrait l'entrée » mais aucune puissance n'a pu empêcher Jésus de sortir du tombeau, vainqueur de la mort ! Aucun verrou n'est assez puissant pour empêcher Le Seigneur d'agir et de manifester cette vie divine qu'Il veut déverser à flots en nous, à tel point que le Royaume commence ici-bas dans la foi, c'est-à-dire la confiance en Sa Parole Créatrice : « **Je Suis le Chemin, la Vérité et la Vie** » Par conséquent, comme le dit saint Paul, l'Amour a fait quitter à Jésus son ciel, son Royaume de Bonheur, joie et paix pour être soumis comme nous à la finitude, à la mort… De cet Amour pour nous, rien ne pourra nous séparer :

« **Qui nous séparera de l'Amour du Christ ? La détresse, l'angoisse, la persécution, la faim, le dénuement, le danger, le glaive ?…Mais en tout cela, nous sommes déjà vainqueurs par Celui qui nous a tant aimé** » (Romains (8, 35)

Saint Paul poursuit et nous pouvons affirmer avec lui : « **Oui, j'en ai l'assurance, ni la mort, ni la vie, ni les anges, ni les dominations, ni le présent ni l'avenir, ni les puissances, ni les forces des hauteurs, ni celles des profondeurs, ni aucune créature, rien ne pourra nous séparer de l'Amour de Dieu manifesté en Jésus Christ, notre Seigneur** »

Nous sommes entrés à notre conception dans un monde où les puissances du mal agissent parce que l'homme a cessé de se tourner vers son Créateur et en Jésus, son Sauveur. Nous recevons de Lui, la vie de chaque jour, lui rendrons-nous la louange ? La liturgie de la messe nous rappelle que nous sommes créés pour être « louange à Sa Gloire ». Faisons-nous remonter vers le Dispensateur de tous les dons, notre action de grâce émerveillée de la vie donnée et de la Vie Eternelle offerte gratuitement par Jésus ?

Quel cadeau ! Vivre maintenant en Présence du Dieu Vivant !...
Quel cadeau, que cette vie d'intimité offerte à celui qui croit !
Quel cadeau, que de parler en Sa Présence, Lui, le Saint !

La confiance du petit enfant plaît beaucoup au Seigneur ! L'enfant dans sa simplicité, sait qu'il doit tout attendre de son père ! Si son père le reprend, c'est pour l'amener ensuite bien plus près de son coeur ! Pour nous, endeuillés, nous avons été rendus participants à la passion du Christ par la mort de la chair de notre chair ! Mais aussi à sa résurrection par la vie offerte à notre enfant. Nous sommes écartelés par cette force d'espérance qui nous montre que rien ne peut arrêter la Miséricorde à laquelle aucun péché ne peut faire obstacle !... Nous pouvons entendre, comme le bon larron devant le Seigneur Jésus ensanglanté, cette parole dans un souffle de vie :

« Ce soir même, tu seras avec moi en paradis »

Rappelons-nous cette parole de sainte Thérèse entrain de mourir : « avec Lui, je ne meurs pas, j'entre dans la vie. » Finalement l'espérance nous pousse à nous émerveiller malgré notre souffrance, du salut que le Seigneur veut donner à tous ceux qui se tournent vers Lui, même à l'ultime seconde. Qui peut résister à l'attrait de l'Amour du Père, manifesté dans le corps agonisant de son Fils pour nous ? La prière du Fils est exaucée ! :

« Père pardonne-leur, ils ne savent pas ce qu'ils font. »

Le coeur du Père fond devant l'admirable sacrifice du Fils et tous les hommes revêtus par cet amour du Fils sont dans les entrailles de Miséricorde du Père, qui leur donne l'Esprit Saint ? C'est-à-dire Sa Vie.

Quel admirable échange qui se réalise dans la Trinité.

- Nous entrons alors dans le mystère de la Vie Eternelle qui est contemplation du Père et du Fils, par le Saint Esprit et nous pénétrons par la foi dans le mystère de Dieu Trinité.
- Nous vivons ainsi dans une vie intime union à Dieu et par grâce nous pouvons couper ce cordon ombilical qui nous retient à celui ou à celle que nous aimons

L'ESPERANCE

Mon enfant est enfant bien-aimé du Père qui lui donne ce que jamais je ne pourrai lui donner : cette vie extraordinaire dans le Fils ! Nous pénétrons toujours par grâce dans ce don de nous-mêmes pour donner cette vie de notre enfant et l'affection qu'il nous donnait. Nous offrons alors au Seigneur de Gloire ce creux en notre âme, ce vide où va s'engouffrer l'Amour Divin. Car par la prière personnelle du don de notre enfant, nous sommes rendus capables de recevoir plus pleinement cet Amour :

« Le Seigneur lui avait ouvert le cœur pour la rendre attentive »

Bénissons alors le Seigneur qui sait donner la Vie à celui qui est parti !... Et qui veut nous donner à nous aussi, son Amour qui emplit tout !... La souffrance n'est alors que le creuset qui nous rend capable de recevoir !...

Attention : il ne faut pas regarder sa souffrance, car ce repli sur nous-mêmes stériliserait la grâce, mais accepter au pied de la croix de recevoir le salut. Du mal, le Seigneur va tirer un bien. Lui seul peut éclairer ainsi nos ténèbres et les transformer en lumière. Ainsi dès ici-bas, nous pouvons dans notre douleur, goûter la paix et même la joie intense de la résurrection. Mais me direz-vous : je souffre, je souffre ! Je n'en finis pas de souffrir !... Personne ne peut connaître ma souffrance ! Oui ! En effet, personne ne peut connaître cette intolérable souffrance sauf « mon

Seigneur et mon Dieu », sauf la Vierge Marie qui a connu une souffrance d'autant plus forte qu'elle était, depuis sa conception, totalement unie au Père et au Fils. Comment le Père a-t-il pu demander une telle offrande à Marie ? En effet, la mort restera toujours un mystère pour l'homme, car c'est la destruction de la vie voulue par Dieu ! Ne croyons pas que le Seigneur est impuissant devant la mort de notre enfant. Non, Il est Tout-Puissant puisqu'Il est sorti vainqueur du tombeau ! Nous goûterons Sa Résurrection qu'à la fin des temps, quand Il nous consolera sur ses genoux et détruira la mort pour toujours. Aujourd'hui, nous vivons le temps de la confiance de Dieu en l'homme et le temps de la liberté de l'homme pour chercher Dieu !... La mort est inacceptable !...Maintenant nous savons qu'elle n'est plus un obstacle insurmontable, mais une barrière à franchir avec Jésus, le premier ressuscité !

PRIERE

Seigneur je veux TE prier
Pour la souffrance de mon enfant,
Pour la mort de celui que mon coeur aime,
Pour la souffrance de la séparation.
Seigneur, Toi qui es l'Amour, Tu as créé la Vie !
Je sais que Tu as fait l'homme à ton image
Que Tu as pris chair de la Vierge Marie !
Que Tu es mort et ressuscité des morts !

Je TE pardonne, Seigneur, de m'avoir privé de l'amour de mon fils (fille)
Je sais que Toi, Seigneur, Tu es maître de toute chose
Je sais que le dernier mal que Tu détruiras, c'est la mort !
Cette mort qui me révolte le coeur !
Seigneur, je crois en Ta Sagesse, Ton intelligence et Ton Amour !

Je Te remercie pour Ta Miséricorde sans limite à l'égard de mon fils (fille)
Il est vrai que Tu m'avais confié un trésor dont je ne Te remerciais pas.
Pardonne-moi d'avoir été aveugle à tes dons, chaque jour renouvelés !
Je Te loue pour la vie de mon enfant et de chaque être que Tu façonnes !
Pardonne-moi de n'avoir pas su lui parler suffisamment de Toi !

Gloire à Toi, Jésus, mon Seigneur Vivant !
Gloire à Toi pour mon fils, (ma fille) vivant en Toi et par Toi !
Mon Dieu, Tu as labouré mon coeur avec cette croix, mais Tu es avec moi !
Tu me dis « n'aies pas peur : Je suis la Vie !

N'aies pas peur dis le Seigneur :
Tu seras dans la joie de ce que Je vais créer !
N'aies pas peur, J'aime ton enfant, oui Je l'aime !
Rien ne pourra le séparer de mon Amour !
N'aies pas peur, aies confiance en moi !
« Mes Paroles sont Esprit et Vie »

Mon Seigneur et mon Dieu, Tu nous as créés à partir de rien !
Jésus, Tu nous as sauvés par Ton Corps livré et Ton Sang versé pour la multitude, dans la Puissance de L'Esprit Divin !
Sois béni pour les siècles des siècles !
Amen

CHAPITRE 32

NON, JE NE MOURRAI PAS, JE VIVRAI

Rendez grâce au Seigneur !
(Psaume 117)

Rendez grâce au Seigneur : Il est Bon,
Eternel est son Amour !
Oui que le dise la maison d'Israël :
Eternel est son Amour !
Le bras du Seigneur se lève,
Le bras du Seigneur est fort !
Non je ne mourrai pas, je vivrai
Pour annoncer les actions du Seigneur !
Tu Es mon Dieu, je Te rends grâce,
Mon Dieu, je T'exalte !
Je Te rends grâce car Tu m'as exaucé :
Tu Es pour moi le salut.
(Psaume 117)

Première lettre de Paul, apôtre aux Corinthiens (1 Co 15, 1-11)
Frères je vous rappelle la Bonne Nouvelle que je vous ai annoncé ; cet Evangile,

vous l'avez reçu et vous y êtes restés attachés ; vous serez sauvés par lui si vous le gardez tel que je vous l'ai annoncé ; autrement c'est pour rien que vous êtes devenus croyants. Avant tout, je vous ai transmis ceci, que j'ai moi-même reçu : le Christ est mort pour nos péchés conformément aux Ecritures, et Il a été mis au tombeau ; Il est ressuscité le troisième jour conformément aux Ecriture, et Il est apparu à Pierre, puis aux douze ; ensuite Il est apparu à plus de cinq cents frères à la fois, la plupart sont encore vivants, et quelques-uns sont morts ; ensuite Il est apparu à Jacques, puis à tous les apôtres. Et en tout dernier lieu, Il est même apparu à l'avorton que je suis.

Qu'il est précieux l'Amour Incarné !
Qu'il est beau le cadeau de la vie !
Qu'il est merveilleux le cadeau de l'Amour
Qu'il est grand le cadeau du pardon !
Qu'il est extraordinaire le don de la Vie Eternelle !

Aujourd'hui Jésus me dit :
« Non tu ne mourras pas, car je t'ai racheté. »
J'appartiens à mon Seigneur,
« Rien ni personne ne pourra m'arracher de la main de mon Dieu.»

Nous pourrons alors dire avec confiance la prière de sœur Marie du Saint Esprit :

UN GRAND AMOUR M'ATTEND
Ce qui se passera de l'autre côté quand tout pour moi aura basculé dans l'éternité...
Je ne le sais pas ! Je crois...
Je crois seulement qu'un grand amour m'attend.
Je sais pourtant qu'alors, pauvre et dépouillé,
Je laisserai Dieu peser le poids de ma vie,

Mais ne pensez pas que je désespère. ...
Non, je crois, je crois tellement qu'un grand amour m'attend.
Si je meurs, ne pleurez pas,
C'est un amour qui me prend paisiblement.
Si j'ai peur... et pourquoi pas ? Rappelez-moi souvent,
Simplement, qu'un grand amour m'attend.
Mon Rédempteur va m'ouvrir la porte de la joie, de sa lumière.
Oui, Père, voici que je viens vers Toi.
Comme un enfant, je viens me jeter
Dans ton amour, ton amour qui m'attend.

Venez avec moi, adorons le Seigneur qui nous a sauvé de la mort ! Lui qui nous a donné son Fils Jésus pour que nous puissions passer de la mort à la Vie, par pure grâce. Venez avec moi, louer sa Miséricorde qui nous pardonne tous nos péchés et nous couvre de son Sang versé pour nous. Venez avec moi, Le Glorifier avec tous les anges et tous les saints pour Sa Bonté envers nous.

Monique Maury
Yssingeaux le 6 décembre 2013

Le contenu de chaque chapitre peut servir de méditations pour une réunion de guérison du deuil d'un enfant, mais il serait plus fructueux de prier ensuite dans l'Esprit Saint afin que le Seigneur lui-même vienne toucher le coeur et guérir doucement et progressivement cette grande blessure.

SOMMAIRE

CHAPITRE 1. LE DON DE L'ESPRIT CONSOLATEUR..19
CHAPITRE 2. MON DIEU !... MON DIEU !...POURQUOI M'AS –TU ABANDONNE ?..27
CHAPITRE 3. Il VOUS PRECEDERA EN GALILÉE..33
CHAPITRE 4. DECHARGE –TOI DE TON FARDEAU SUR LE SEIGNEUR..39
CHAPITRE 5. DEUIL PASSAGE OBLIGE..42
CHAPITRE 6. SEIGNEUR TU ETAIS PRESENT..50
CHAPITRE 7. COURBE COMME EN DEUIL D'UNE MERE..58
CHAPITRE 8. QUI ME TIRERA DE MA DETRESSE ?..63
CHAPITRE 9. LA GRACE DES GRACES C'EST LE ROYAUME..70
CHAPITRE 10. TROUVER DANS MA VIE TA PRESENCE..76
CHAPITRE 11. MON ENFANT EST TON ENFANT BIEN AIME..83
CHAPITRE 12. M'AIMES TU PLUS QUE CEUX-CI..90
CHAPITRE 13. JE DETIENS LES CLES DE LA MORT..94
CHAPITRE 14. DON LOUANGE ABANDON..99
CHAPITRE 15. DE LA MORT À L'OCEAN DE TON AMOUR..107
CHAPITRE 16. SES ENTRAILLES ETAIENT EMUES AU SUJET DE SON FILS..111
CHAPITRE 17. JE SUIS AVEC LUI, AVEC ELLE DANS SON EPREUVE..114
CHAPITRE 18. POURQUOI M'EN ALLER EN DEUIL ACCABLE PAR L'ENNEMI..117
CHAPITRE 19. IL S'EST PENCHE VERS MOI..119
CHAPITRE 20. LA DETRESSE PRODUIT LA PERS EVERANCE..121
CHAPITRE 21. L'AMOUR PARFAIT BANNIT LA CRAINTE..124
CHAPITRE 22. MOURIR C'EST ALLER VERS LE CHRIST..129
CHAPITRE 23. MON CIEL A MOI C'EST TOI..132
CHAPITRE 24. JETTE-TOI EN LUI..136
CHAPITRE 25. LA SOURCE DE LA JOIE..138
CHAPITRE 26. LA SOUFFRANCE..140
CHAPITRE 27. CONTEMPLE TON SEIGNEUR..143
CHAPITRE 28. QUE TA VOLONTE SOIT FAITE..146
CHAPITRE 29. SUPREME DEMANDE..149
CHAPITRE 30. C'ETAIT UN BEAU GARCON..153
CHAPITRE 31. L'ESPERANCE..157
CHAPITRE 32. NON, JE NE MOURRAI PAS, JE VIVRAI..163

LE SECOND ENFANTEMENT

Comment se relever de la mort d'un enfant, qu'il soit bébé ou adulte ?

La foi chrétienne ne nous immunise pas contre la douleur ; comment peut-elle devenir un ressort ?

Comment bien se situer par rapport à l'être que la mort nous a pris ? Quel lien entretenir avec lui ? Et comment dépasser les sentiments de culpabilités et les regrets qui peuvent nous attrister ?

Monique Maury a perdu un de ses fils et, quelques années après, son mari relativement jeune. Elle propose ici à la fois un témoignage et un chemin de deuil à parcourir personnellement ou en équipe.

Chaque petit chapitre se termine par une prière. Pétri de foi et foisonnant de paroles de Dieu « créatrices de vie », ce petit livre peut apporter beaucoup de sérénité et de lumière.

Le poète a écrit qu'"il faut une sage femme pour bien naître et une femme sage pour bien mourir". En Monique Maury, nous avons une femme sage pour bien aborder la mort d'un enfant ou d'un proche.

Pierre Trevet
Curé de Monistrol 43120 France

Oui, je veux morebooks!

i want morebooks!

Buy your books fast and straightforward online - at one of world's fastest growing online book stores! Environmentally sound due to Print-on-Demand technologies.

Buy your books online at
www.get-morebooks.com

Achetez vos livres en ligne, vite et bien, sur l'une des librairies en ligne les plus performantes au monde!
En protégeant nos ressources et notre environnement grâce à l'impression à la demande.

La librairie en ligne pour acheter plus vite
www.morebooks.fr

VDM Verlagsservicegesellschaft mbH
Heinrich-Böcking-Str. 6-8   Telefon: +49 681 3720 174   info@vdm-vsg.de
D - 66121 Saarbrücken   Telefax: +49 681 3720 1749   www.vdm-vsg.de

www.ingramcontent.com/pod-product-compliance
Lightning Source LLC
Chambersburg PA
CBHW021831300426
44114CB00009BA/402